하나님-사람의 생활

THE GOD-MAN LIVING

by Witness Lee

Originally Published by
Living Stream Ministry, Anaheim, California, U. S. A.

Translated and Published by Permission,
Printed in Korea.

하나님-사람의 생활

위트니스 리

한국복음서원

차례

* 이 책에 인용된 성경 본문은 〈회복역 성경〉을 사용하였습니다.
* 이 책에 인용된 찬송가는 특별한 언급이 없는 경우 한국복음서원 찬송가입니다. 영어 찬송가는 리빙 스트림 미니스트리(Living Stream Ministry)에서 출간한 것입니다.

서문

이 책은 1996년 2월 21일부터 6월 26일까지 캘리포니아주 애너하임에서 위트니스 리 형제님이 주신 메시지들로 되어 있습니다.

1

거듭남을 통해 하나님에게서 태어남

Born of God through Regeneration

제1장

거듭남을 통해 하나님에게서 태어남

성경: 요 3:16, 엡 1:5, 9, 창 1:26, 잠 20:27, 창 2:7, 전 3:11, 창 2:9, 3:24, 요 14:6, 히 10:19-20, 요 1:1-5, 11-13, 3:6하, 3, 5

개요

Ⅰ. 하나님께서 세상을 이처럼 사랑하시어 독생자를 주신 것은 그분을 믿는 사람마다 그분을 받아들여 영원한 생명, 곧 신성한 생명을 얻도록 하시려는 것이다 — 요 3:16.

Ⅱ. 하나님의 선한 기쁨은 사람과 하나 되시어 사람을 신격에서는 아니지만 생명과 본성에서 그분과 똑같이 만드시는 것이다 — 엡 1:5, 9.

Ⅲ. 하나님은 사람을 창조하셨다.

A. 하나님은 그분의 형상대로 그분의 모양에 따라 사람을 창조하셨다 — 창 1:26.

B. 하나님은 사람이 그분을 받아들이고 담을 수 있도록 사람을 영(생명의 숨 곧 사람의 영—잠 20:27)을 가진 존재로 창조하셨다. 이것은 사람이 자신에게 생명(생명나무로 상징됨)과 모든 것이 되시는 그분으로 말미암아 살게 하시려는 것이었다 — 창 2:7.

C. 사람들의 마음속에 영원(오직 하나님 외에는 해 아래 그 무엇으로도 만족시킬 수 없는, 대대로 운행하는 신성하게 심어진 일종의 목적 있는 감각)을 심어 두셨다 — 전 3:11.

D. 사람을 생명나무(하나님, 곧 사람의 창조주이시며 사람의 생명이 되시는 하나님을 상징함) 앞에 두셨다 — 창 2:9.

Ⅳ. 사람의 타락으로 말미암아 생명나무이신 하나님을 접촉하는 길이 사람에게 막혔다.

A. 그룹들로 상징되는 하나님의 영광에 의해.

B. 타는 불꽃으로 상징되는 하나님의 거룩함에 의해.

C. 죽이는 검으로 상징되는 하나님의 의에 의해 — 창 3:24.

Ⅴ. 막혔던 이 길이 신약에서 주님께서 그분의 죽음을 통해 하나님의 영광과 거룩함과 의의 요구를 모두 충족하심으로써 열리게 되었다. 이와 같이, 십자가에 못 박히신 그리스도는 사람이 생명나무이신 하나님을 접촉할 수 있도록 다시 열린 길이 되셨다 — 요 14:6, 히 10:19-20.

Ⅵ. 하나님-사람이 거듭남을 통해 하나님에게서 태어나는 길.

A. 하나님의 말씀으로서 만물을 창조하신 그리스도는 신성한 생명이시다 — 요 1:1-4.

B. 그리스도 안에 있는 이 신성한 생명은 사람들의 빛이며, 이 빛은 어둠 가운데 있는 사람들을 신성한 생명으로 비춘다 — 요 1:4-5.

C. 누구든지 이 비추는 빛을 받아들이고, 하나님의 신성한 생명을 담고 있는 하나님의 말씀이신 그리스도를 믿는 사람들은 하나님의 자녀가 되는 권위를 갖는다 — 요 1:11-12.

D. 그들은 혈통(육체의 생명)에서나 육체의 뜻(사람이 육체가 된 후 타락한 사람의 뜻)에서나 사람의 뜻(하나님께서 창조하신 사람의 뜻)에서 나지 않고, 생명의 근원이시자 생명의 원천이신 하나님에게서 난 사람들이다 — 요 1:13.

E. 이 모든 자녀들은 하나님에게서 난 하나님-사람들이다.

F. 그들은 영 하나님에게서 거듭난 영들, 곧 하나님들(요 3:6하)이다. 이들은 하나님의 종(種)에 속하며 하나님의 왕국을 보고 그 안으로 들어간다(3:3, 5).

이 일련의 메시지에서 우리는 하나님-사람의 생활을 보고자 한다. 이 하나님-사람의 생활은 그리스도의 유기적인 구원의 여덟 가지 주요 항목인 거듭남, 목양, 기질적으로 거룩하게 됨, 새롭게 됨, 변화, 건축, 같은 형상이 됨, 영광스럽게 됨으로 이루어진다. 하나님-사람의 생활을 다루는 것은 이러한 여덟 가지 주요 항목을 다루는 것을 의미한다. 하나님-사람의 생활은 우리가 거듭남을 통해 하나님에게서 태어나는 것으로 시작된다. 우리는 이와 같은 종류의 생활을 갖기 위해 특별한 시작이 필요하다. 그러한 생활에는 반드시 그 시작인 출생이 있어야 한다.

하나님께서 세상을 사랑하시어
그들이 영원한 생명을 얻도록 하심

하나님께서 세상을 이처럼 사랑하시어 독생자를 주신 것은 그분을 믿는 사람마다 그분을 받아들여 영원한 생명, 곧 신성한 생명을 얻도록 하시려는 것이다(요 3:16). 요한복음 3장 16절은 하나님께서 '이처럼 사랑하시어'라고 말한다. 하나님은 세상을 매우 사랑하셨으며 독생자를 우리에게 주시기까지 사랑하셨다. 이렇게 하신 목적은 우리가 그분을 믿고 받아들여 영원한 생명을 얻도록 하시려는 것이었다. 영원한 생명은 하나님께서 우리를 사랑하시는 것의 목표이다. 그러므로 우리는 그분의 자녀들이 되어 교회를 형성하고, 그리스도의 몸을 산출하며, 새 예루살렘을 완결할 수 있다. 이것은 하나님의 사랑과 새 예루살렘을 결합한다. 하나님의 사랑은 새 예루살렘과 연결되며, 새 예루살렘은 하나님의 사랑의 궁극적인 완결이다.

하나님의 선한 기쁨

하나님의 선한 기쁨은 사람과 하나 되시어 사람을 신격에서는 아니지만 생명과 본성에서 그분과 똑같이 만드시는 것이다(엡 1:5, 9). 에베소서 1장 5절은 하나님께서 그분의 뜻의 선한 기쁨을 따라 아들의 자격을 얻도록 우리를 미리 정하셨다고 말한다. '아들의 자격을 얻도록'이라는 말은 우리를 아들들로 만든다는 것을 의미한다. 하나님은 창세전에 우리를 미리 정하시고 우리에게 표시를 해 두심으로써 우리를 그분의 선한 기쁨에 따른 그분의 아들들이 되게 하셨다. 만약 우리가 "하나님 아버지, 당신의 선한 기쁨이 무엇입니까?"라고 묻는다면, 그분은 "나의 선한 기쁨은 내 자신을 너희와 하나 되게 하여 너희를 나의 아들들이 되게 하는 것이다."라고 대답하실 것이다.

에베소서 1장 9절 역시 하나님께서 그분 자신 안에서 미리 목적하신 선한 기쁨에 대해 말한다. 하나님은 성취하셔야 하는 계획을 갖고 계신다. 이 계획은 그리스도의 몸인 교회를 소유하시는 것이며, 그리스도의 몸인 교회는 새 예루살렘으로 완결된다. 에베소서에 있는 이 한 절을 이해하기 위해서는 성경 전체가 필요하다. 하나님의 선한 기쁨은 우리가 그분의 아들들이 되는 것이며, 결국 이 모든 아들들은 궁극적으로 새 예루살렘을 완결한다. 우리는 이러한 항목들, 즉 첫째로 하나님께서 우리를 사랑하신다는 것과, 둘째로 하나님께는 선한 기쁨이 있으시다는 것을 잊지 말아야 한다. 성경의 계시에 따르면, 하나님의 선한 기쁨은 그분께서 많은 아들들을 가지시는 것이며 이 많은 아들들을 새 예루살렘으로 완결되게 하시는 것이다.

하나님은 사람을 창조하심

하나님의 선한 기쁨은 새 예루살렘으로 완결되는 많은 아들들을 소유하시는 것이며, 이것을 위하여 하나님은 사람을 특별한 방식으로 창조하셨다.

그분의 형상대로
그분의 모양에 따라 창조하심

창세기 1장 26절에 따르면 하나님은 그분의 형상대로 그분의 모양에 따라 사람을 창조하셨다.

하나님은 그분을 받아들이고 담을 수 있도록
사람을 영을 가진 존재로 창조하심

그뿐만 아니라 하나님은 그분을 받아들이고 담을 수 있도록 사람을 영을 가진 존재로 창조하셨다. 이것은 사람이 자신에게 생명(생명나무로 상징됨)과 모든 것이 되시는 하나님으로 말미암아 살게 하시려는 것이었다(창 2:7). 사람 안에 있는 사람의 영은 하나님의 생명의 숨이다. 창세기 2장 7절에 있는 '숨'이라는 히브리어 단어는 사람의 영이 여호와의 등이라고 말하는 잠언 20장 27절에서 '영'으로 사용된 단어와 동일하다.

사람들의 마음속에 영원을 심어 두심

하나님은 사람을 그분의 형상대로 창조하셨고 또한 사람이 하나님을 받아들이고 담을 수 있도록 사람의 영을 창조하셨다. 전도서 3장 11절은 하나님께서 사람들의 마음속에 영원을 두셨다고 말한다. 이 우주 안에 있는 것들은 주로 두 가지 범주, 곧 일시적인 것과 영원한 것으로 나눌 수 있다. 고린도후서 4장 18절에서 바울은 "우리가 주목하는 것은 보이는 것들이 아니라, 보이지 않는 것들입니다. 보이는 것들은 잠시뿐이지만, 보이지 않는 것들은 영원하기 때문입니다."라고 말한다. 이 절은 전도서 3장 11절에서 솔로몬이 한 말에 대한 합당한 설명이다. 지혜로운 왕인 솔로몬은 하나님께서 모든 것을 때에 따라 아름답게 만드셨고, 또 사람들의 마음속에 영원을 두셨다고 말했다. 이것은 우리의 체험과 일치한다. 사람은 얼마나 부유해지든지 혹은 얼마나 성공한 사람이 되든지에 관계없이 여전히 공허하다. 사람은 영속하는 것들에 대한 깊은 갈망을 갖고 있다. 영속하는 것들만이 영원한 것이다. 〈확대역 성경(Amplified Bible)〉은 사람의 마음속에 있는 영원에 대해 "오직 하나님 외에는 해 아래 그 무엇으로도 만족시킬 수 없는, 대대로 운행하는 신성하게 심어진 일종의 목적 있는 감각"이라고 말한다. 우리는 목적 있는 감각을 갖고 있으며, 이 감각은 하나님 외에 다른 어떤 것으로도 만족시킬 수 없다. 오직 하나님만이 우리 마음속에 있는 목적 있는 감각을 만족시키실 수 있다.

하나님께서 사람을 창조하심에 있어서 세 가지 주목할 사항이 있는데, 이것은 그분의 형상과 그분을 받아들이기 위한 사람의 영과 오직 하나님 외에는 해 아래 그 무엇으로도 만족시킬 수 없는, 대대로 운행하는 신성하게 심어진 일종의 목적 있는 감각이다. 아가(雅歌)에 묘사된 사랑의 이야기는 주님으로부터 시작하지 않고 추구하는 이로부터 시작한다. 사람이 그렇게 추구하는 이가 되는 이유는 사람 안에 영원한 것을 추구하는 목적 있는 감각이 있기 때문이다. 그 무엇도 이러한 목적 있는 감각을 채우거나 만족시킬 수 없고 오직 하나님 자신 곧 그리스도만이 그러실 수 있다. 많은 사람이 우리가 시간을 낭비하고 있다고 생각하지만, 사실상 우리는 시간을 구속하고 있는 것이다. 일시적인 것들을 추구하는 이들은 시간을 낭비하고 있다. 그들은 헛된 것에 분주하다. 그들은 영원한 것이 아닌 일시적인 것들 때문에 분주하다. 온 우주 안에서 오직 한 분만이 영원하신데, 곧 영원하신 하나님이시다.

사람을 생명나무 앞에 두심

하나님은 사람을 그분의 형상대로, 영을 가진 존재로, 마음속 깊은 곳에 목적 있는 감각을 가진 존재로 창조하셨다. 그다음으로 하나님은 이 사람을 생명나무 앞에 두셨다. 이 생명나무는 하나님, 곧 사람의 창조주이시며 사람의 생명이 되시는 하나님을 상징한다(창 2:9).

사람의 타락으로 말미암아 생명나무이신 하나님을 접촉하는 길이 사람에게 막힘

사람의 타락으로 말미암아 생명나무이신 하나님을 접촉하는 길이 사람에게 막혔다. 그룹들로 상징되는 하나님의 영광과, 타는 불꽃으로 상징되는 하나님의 거룩함과, 죽이는 검으로 상징되는 하나님의 의에 의해서 그렇게 되었다(창 3:24). 죽이는 검은 하나님의 의를 집행하기 위한 것이다. 하나님의 영광과 하나님의 거룩함과 하나님의 의는 생명나무 주위를 지키는 문지기였다.

십자가에 못 박히신 그리스도는 사람이 생명나무이신 하나님을 접촉할 수 있도록 다시 열린 길이 되심

막혔던 이 길이 신약에서 주님께서 그분의 죽음을 통해 하나님의 영광과 거룩함과 의의 요구를 모두 충족하심으로써 열리게 되었다. 이와 같이, 십자가에 못 박히신 그리스도는 이제 사람이 생명나무이신 하나님을 접촉할 수 있도록 다시 열린 길이 되셨다(요 14:6, 히 10:19-20). 요한복음 14장 6절에서 주님은 "내가 곧 길이요 실재요 생명이니"라고 말씀하셨다. 주님은 십자가에 못 박히심으로써 길이 되셨다. 히브리서 10장은 오늘날 새롭고 살아 있는 길이 그분의 죽음을 통해 우리에게 열렸다고 말한다. 십자가에서 죽으신 그리스도는 생명이신 하나님을 접촉할 수 있는 다시 열린 길이시다.

하나님-사람이 거듭남을 통해 하나님에게서 태어나는 길

하나님의 말씀으로서 만물을 창조하신 그리스도는 생명이심

이제 우리는 하나님-사람이 그리스도의 유기적인 구원의 첫 번째 항목인 거듭남을 통해 하나님에게서 태어나는 길을 보고자 한다. 하나님의 말씀으로서 만물을 창조하신 그리스도는 신성한 생명이시다(요 1:1-4). 요한복음 1장에는 우주 역사상 가장 위대한 다섯 가지 사건이 있는데, 그것은 창조(3절), 육체 되심(14절), 그리스도께서 구속을 위한 어린양이 되심(29절), 그리스도께서 믿는 이들을 변화시키시기 위해 생명 주시는 영이 되심(32, 42절), 그리스도께서 사다리로서 하늘을 땅으로 가져오시고 땅을 하늘과 연결하시어 하나님의 집을 건축하심(51절)이다. 궁극적으로, 완결된 새 예루살렘은 바로 벧엘 곧 하나님의 집이 될 것이다. 그리스도는 사다리로서 하늘과 땅 사이의 왕래를 위한 분이시다. 섬기는 이들인 하나님의 천사들은 이 사다리를 오르락내리락하며 우리를 섬긴다. 우리는 집이자 누리는 이들이다.

요한은 하나님의 말씀으로서 하나님을 위해 말씀하시고 하나님을 계시하시는 그리스도에 관해 글을 쓰면서 다섯 가지 사건을 선택했다. 창조 안에서 그리스도는 하나님을 말씀하셨다. 창조물은 하나님을 위해 말한다. 시편 19편은 하늘들은 하나님의 영광을 선포하고, 또 그 소리가 들리지 않으나 창조물이 여전히 말한다고 말한다(1-4절). 바울은 로마서 1장 20절에서 사람이 하나님께서 만드신 것들을 통하여 하나님의 영원한 능력과 신성한 특성들을 보고 알 수 있다고 말한다. 결국 성경의 끝에서, 하나님께서 창조하신 수많은 항목들이 하나님을 찬양한다(계 5:11-14). 창조물이 하나님을 위해 말하고 있다. 그것이 바로 말씀이신 그리스도의 말씀하심이다. 육체 되심 또한 계속 하나님을 말하며 계시한다. 요한복음 1장 29절은 "보십시오, 세상의 죄를 없애시는 하나님의 어린양이십니다."라고 말한다. 이 역시 중대한 말씀하심이다. 그다음으로 변화시키시는 영이 언급되는데, 이 영은 진흙인 사람을 돌로 변화시키셔서 벧엘로 건축되게 하신다. 이 벧엘은 결국 완결된 새 예루살렘이 될 것이다.

그리스도 안에 있는 신성한 생명은 사람들의 빛임

우주 역사상 이러한 다섯 가지 큰 사건은 요한복음 1장의 '줄기'이다.

이 줄기로부터 한 작은 가지가 나온다. 이 가지는 이 말씀 안에 생명이 있다는 것과 이 생명이 빛이고 또한 이 빛이 생명으로 비춘다는 것이다(요 1:4-5). 그리스도 안에 있는 이 신성한 생명은 사람들의 빛이며, 이 빛은 어둠 가운데 있는 사람들을 신성한 생명으로 비춘다.

하나님의 자녀가 되는 권위를 가짐

누구든지 이 비추는 빛을 받아들이고, 하나님의 신성한 생명을 담고 있는 하나님의 말씀이신 그리스도를 믿는 사람들은 하나님의 자녀가 되는 권위를 갖는다(요 1:11-12).

하나님에게서 남

그들은 혈통(육체의 생명)에서나 육체의 뜻(사람이 육체가 된 후 타락한 사람의 뜻)에서나 사람의 뜻(하나님께서 창조하신 사람의 뜻)에서 나지 않고, 생명의 근원이시자 생명의 원천이신 하나님에게서 난 사람들이다(요 1:13). 하나님은 생명의 근원이시다. 그분은 또한 생명의 원천으로서 흐르신다. 요한은 그의 글에서 하나님을 흐르시는 분으로 묘사한다. 결국 삼일 하나님은 생명수의 강으로서 흐르시며, 이 흐름은 새 예루살렘의 네 방향으로 있는 열두 문에 이르며, 성 전체를 만족시키며 성 전체에 공급한다(계 22:1). 원천이신 하나님은 요한복음 4장 14절에서 샘으로서 흐르신다. 주님은 우리에게 생명수를 주시고 이 생명수는 우리 안에서 원천이 되어 샘솟아 올라 영원한 생명에 이른다.

그리스도인들은 거듭남에 대해 면밀히 주의를 기울여야 하지만 그러한 이들은 많지 않다. 부모로부터 난 것은 우리의 첫 번째 출생이었다. 그런 후 어느 날 우리는 그리스도의 빛으로 인하여 그분을 받아들였고 거듭나게 되었다. 우리는 또 다른 출생을 갖게 된 것이다. 그러나 나는 여러분에게 묻고 싶다. 이 두 가지 출생 중에 여러분은 어느 편을 더욱 주의하는가? 부모로부터의 첫 번째 출생인가, 하나님으로부터의 두 번째 출생인가? 우리는 첫 번째 출생에 대해 주의를 기울이지 말아야 한다. 우리는 이 두 가지 중 하나의 출생, 곧 우리의 거듭남만을 기억해야 한다. 우리가 혈통에서나 육체의 뜻에서나 사람의 뜻에서 나지 않고 오직 하나님에게서 난 하나님의 자녀들임을 항상 잊지 말아야 한다. 오늘날 그리스도 안의 우리 믿는 이들은 우리의 아버지가 누구이신지 알고 있다. 우리는 우리의 두 번째 출생을 존중해야 한다. 이 출생은 바로 하나님에게서 난 출생이다.

하나님의 자녀들은 하나님-사람들임

하나님의 자녀들은 하나님에게서 난 하나님-사람들이다.

하나님의 종(種)에 속함

우리는 영 하나님에게서 거듭난 영들, 곧 하나님들(요 3:6하)이다. 우리는 하나님의 종에 속하며 하나님의 왕국을 보고 그 안으로 들어간다(3:3, 5). 요한복음 1장은 우리가 어떻게 하나님의 자녀가 되는 권위를 받았는지에 대해 말해 준다. 3장은 거듭남에 대해 다시 언급한다. 3장 6절은 "육체로 난 것은 육체이고 그 영으로 난 것은 영입니다."라고 말한다. 타고난 생명 안에서 우리는 육체로 난 육체이다. 그러나 우리는 영 하나님으로 난 영들, 곧 하나님들이 되었다. 소에게서 난 것은 소이다. 말에게서 난 것은 말이다. 우리는 그 영에게서 났고, 그 영은 하나님이시다. 요한복음 4장 24절은 하나님께서 영이심을 분명하게 말해 준다. 영 하나님에게서 났기 때문에 우리는 신격에서는 아니지만 생명과 본성에서 분명히 하나님들이다. 우리가 하나님에게서 난 하나님들이라는 사실을 믿지 않는다면 우리는 무엇인가? 영으로 난 것은 영이다.

우리의 두 번째 출생은 우리를 하나님의 왕국 안으로 들어가게 하며 하나님의 종이 되게 한다. 동물들과 식물들에게는 각기 독특한 종이 있다. 우리는 하나님에게서 났기 때문에 하나님의 종에 속한 하나님들이다. 우리는 항상 우리가 하나님의 종에 속하는 하나님-사람들임을 기억해야 한다. 하나님-사람은 다른 사람들과 다투지 않는다. 이것이 하나님의 말씀에 대한 내재적인 연구이다.

거듭남은 그리스도의 유기적인 구원의 첫 번째 단계이다. 새로 남의 씻음은 우리 옛사람의 옛 본성에 속한 모든 것들을 깨끗이 씻어 낸다(딛 3:5). 이러한 씻음은 유기적인 구원하심이다. 새로 남의 씻음이 없다면 우리 존재 안에 옛 창조의 많은 층들이 남아 있게 될 것이다. 아마 어떤 사람들은 자신들을 하나님의 종이라고 느끼지 못하고 미국인의 종이라고 느낄지도 모른다. 이러한 '종'은 씻어져야 한다. 우리는 그리스도의 유기적인 구원하심의 첫 번째 단계인 거듭남이 우리의 옛 본성 안에 있는 옛 창조의 층들을 씻어 내는 것임을 볼 필요가 있다.

우리는 하나님의 종에 속한 하나님-사람들임을 잊어서는 안 된다. 하나님에게서 나고 하나님의 종에 속한 하나님-사람으로서 우리는 느슨한 방식으로 우리의 배우자에게 말할 수 없다. 남편은 반드시 하나님-사람이어야 하며 하나님-사람으로서 살아야 한다. 단지 선한 사람이 되는 것은 하나님의 선한 기쁨과는 매우 거리가 멀다. 우리는 우리 자신이 하나님에게서 난 하나님의 종에 속하는 하나님-사람들임을 분명히 보아야 한다. 이것이 하나님-사람의 생활의 시작이다.

하나님은 우리를 사랑하신다. 하나님께는 선한 기쁨이 있으신데, 그것은 우리를 그분과 똑같이 만드시는 것이다. 그분은 하나님이시다. 우리도 또한 하나님이 되어야 한다. 하나님-사람의 생활은 하나님의 생활이다. 이러한 종류의 가르침은 어떻게 거룩하게 되며 승리하는가에 관한 가르침보다 훨씬 더 높은 것이다. 처음 주님을 믿은 직후에 나는 그리스도인의 삶이 어떠해야 하는지를 제시하는 많은 책을 보았지만, 그 책들은 참되게 길을 보여 주지 못했다. 어떻게 거룩하게 될 수 있는가? 하나님-사람의 생활을 함으로써 거룩하게 될 수 있다. 어떻게 승리할 수 있는가? 하나님-사람의 생활을 할 때에만 가능하다. 우리는 하나님-사람으로서 하나님에게서 태어났고 하나님의 종에 속한다는 사실을 결코 잊지 말아야 한다.

2

선한 목자이신 그리스도의 유기적인 먹이심과 목양 아래서

Under the Organic Feeding and Shepherding of Christ as the Good Shepherd

제2장
선한 목자이신 그리스도의 유기적인 먹이심과 목양 아래서

성경: 요 11:25, 14:6, 10:10하-11, 14, 16, 21:15-17, 엡 4:11-13, 벧전 5:4, 히 13:20, 벧전 2:25, 2, 고전 3:2, 히 5:13-14, 살전 2:7, 엡 5:29, 골 1:28, 엡 6:17, 고전 12:11, 엡 4:4, 벧전 5:2, 행 20:28

개요

Ⅰ. 생명의 복음인 요한복음은 그리스도께서 우리의 생명이 되셔서 그분을 통해 우리가 하나님에 의해 거듭날 수 있게 하신다는 것뿐 아니라(11:25, 14:6), 그분께서 그분의 양 떼인 우리를 먹이시고 목양하시는 선한 목자이시라는 것을 보여 준다(10:10하-11, 14, 16).

Ⅱ. 영적인 출생 후에 믿는 이들은 갓난아기와 같이 그리스도의 먹이심과 목양이 필요하다. 이것은 그리스도께서 그분의 첫 번째 사도인 베드로에게 그분의 어린양들과 양들인 믿는 이들을 먹이고 목양함으로써 돌보라고 명령하신 것과 같다 — 요 21:15-17.

Ⅲ. 교회생활 안에서 머리이신 그리스도는 성숙한 이들에게 그분의 은사들을 주셨는데, 그들 중에는 목자들이 포함된다. 이렇게 그들에게 은사들을 주신 것은 성도들을 온전하게 하여 그리스도의 몸을 건축하기 위한 것이다 — 엡 4:11-12.

Ⅳ. 믿는 이들의 구속자요 구주요 생명이신 그리스도는 목자장(벧전 5:4)과 큰 목자(히 13:20)가 되셨으며, 감독(벧전 2:25)으로서 그분의 믿는 이들을 목양하신다.

Ⅴ. 목양은 먹임, 특별히 새로 태어난 사람들을 돌보며 먹이는 것을 포함한다. 새로 태어난 이들을 먹이기에 가장 좋은 것은 바로 젖이다(벧전 2:2, 고전 3:2상, 히 5:13). 사도 바울은 자신을 이처럼 젖을 먹이는 어머니에 비유하였다(살전 2:7).

Ⅵ. 먹임과 목양 모두는 하나님-사람들이 그들의 매일의 구원을 위해 하나님의 신성한 생명 안에서 성장하기 위한 것이다 — 벧전 2:2하.

Ⅶ. 목자의 먹이심은 믿는 이들이 매일의 구원에 이르도록 자라게 할 뿐 아니라 신성한 생명 안에서 성숙하게 한다. 이는 하나님-사람들이 그리스도의 몸으로 건축되기 위해 필요한 것이다 — 히 5:14, 엡 4:12-13.

Ⅷ. 몸의 머리이신 그리스도는 우리를 보양하며 보살피신다(엡 5:29). 그리스도의 목양은 보양하심과 보살피심을 포함한다. 보양하는 것은 우리를 먹이는 것이고, 보살피는 것은 우리를 위로하고 편안하게 하며 부드러운 사랑으로 양육하고 부드럽게 돌보며 기르는 것이다. 이 모든 것은 우리가 신성한 생명 안에서 자라게 도움으로써 우리를 충분히 성장한 사람이 되게 하고 신성한 생명 안에서 성숙되게 한다(골 1:28, 엡 4:13).

Ⅸ. 그리스도의 먹이심은 믿는 이들이 신성한 생명 안에서 성장하게 하기 위한 것이고, 하나님-사람들의 신성한 생명 안에서의 성장은 그리스도의 몸 안에서 그들의 기능이 나타나게 하기 위한 것이다.

Ⅹ. 믿는 이들은 하나님의 영인 하나님의 말씀(엡 6:17)을 먹음으로써 신성한 생명 안에서 자라고, 그리스도의 몸 안에서의 믿는 이

들의 기능도 그 영에 의해 나타난다(고전 12:11). 그러므로 결국 그리스도의 먹이심은 전적으로 그리스도의 몸을 위하시는 그 영과 관련되며(엡 4:4), 하나님의 영원한 경륜의 궁극적인 목표를 완성한다.

XI. 이와 같은 그리스도의 먹이심과 목양은 반드시 교회들에 대한 장로들의 책임이 되어야 하며(벧전 5:2, 행 20:28), 활력 그룹의 기능의 중요한 부분이 되어야 한다.

앞 장에서 우리는 심지어 영원 전부터 하나님께서 사람과 사랑에 빠지셨음을 지적했다. 하나님의 선한 기쁨은 그분 자신께서 사람과 하나 되시는 것이고, 그분 자신을 사람이 되게 하시는 것이며, 사람을 신격에서가 아닌 생명과 본성에서 그분 자신이 되게 하시는 것이다. 하나님은 그분의 선한 기쁨을 이루시기 위해 사람을 위하여 세 가지 중요한 것을 창조하셨다. 첫째, 그분의 형상대로 사람을 창조하셨는데, 이것은 사람을 그분의 복사판이 되게 했다. 둘째, 영을 가진 사람을 창조하셨다. 셋째, 사람의 마음속에 영원을 두셨다. '영원'이라는 말은 또한 '시대들'로 번역될 수 있다. 〈확대역 성경〉은 전도서 3장 11절에 있는 이 단어에 대한 뛰어난 번역을 제시하는데, 사람의 마음속에 있는 영원을 오직 하나님 외에는 해 아래 그 무엇으로도 만족시킬 수 없는, 대대로 운행하는 신성하게 심어진 일종의 목적 있는 감각이라고 말한다.

사람을 창조하신 후에 하나님은 사람을 생명나무 앞에 두셨다. 그러나 생명나무로 나아가는 길은 사람의 타락으로 말미암아 막혔다. 후에 십자가에 못 박히신 그리스도는 사람이 생명나무이신 하나님을 접촉할 수 있도록 다시 열린 길이 되셨다. 사람은 하나님의 생명을 받아들일 때 거듭난다. 거듭남은 하나님의 자녀를 산출하는 것이다. 목양은 먹임으로써 이 자녀들을 돌보는 것이다. 목양 다음에는 기질적으로 거룩하게 됨과 새롭게 됨, 변화와 건축, 그리고 하나님의 맏아들과 같은 형상을 이루게 됨과 영광스럽게 됨이 뒤따른다. 이것이 하나님의 유기적인 구원의 여덟 가지 항목이다.

하나님의 유기적인 구원은 그분의 생명에 의한 구원이다. 속생명파의 노선은 귀용(Jeanne Guyon) 부인과 더불어 몇몇 신비주의자들로부터 시작되었다. 윌리엄 로(William Law)는 이 신비주의 저술들을 발전시켰고, 후에 앤드루 머리(Andrew Murray)는 윌리엄 로의 저술들을 인용했다. 펜 루이스(Jessie Penn-Lewis) 여사는 앤드루 머리의 저술에서 도움을 입었던 사람인데, 그녀는 그리스도의 주관적인 죽음에 대해 보기 시작했다. 그녀를 뒤이어 오스틴 스팍스(T. Austin-Sparks)는 부활 안에 있는 생명의 원칙을 보았다. 그러나 이러한 속생명파 노선 안에 있던 모든 성도들은 결코 주님의 목양을 주님의 유기적인 구원의 한 부분으로 여기지 않았다.

목양의 일은 먹이는 것이다. 먹임은 젖을 먹이는 어머니의 주된 일이다. 부모가 자녀를 낳은 후 아이들을 먹여야만 아이들이 살 수 있다. 먹이심은 하나님의 유기적인 구원의 한 부분이다. 하나님-사람의 생활에서 우리는 먼저 거듭남을 통해 하나님에게서 태어났다. 그 후 우리는 선한 목자이신 그리스도의 유기적인 먹이심과 목양 아래 있다. 출생 후에 우리는 생명 안에서 전진하기 위해 먹어야 한다.

목양과 먹임은 하나님-사람 생활의 한 부분이다. 하나님-사람들은 믿는 이들이다. 이 장에서 나는 '믿는 이들'과 '하나님-사람들'을 같은 의미로 사용한다. 신약에서 우리는 '하나님-사람들'이라는 용어를 찾을 수 없지만, '하나님-사람들'의 동의어가 '하나님의 자녀들'이다('하나님의 자녀들'이라는 말은 신약에서 열 번 사용되었다). 요한복음 1장 12절은 "그분을 받아들인 사람들, 곧 그분의 이름을 믿는 모든 사람에게는 하나님의 자녀가 되는 권위를 주셨다."라고 말한다. 로마서 8장 16절은 "그 영께서 직접 우리의 영과 함께 우리가 하나님의 자녀들인 것을 증언하십니다."라고 말한다. 하나님의 자녀들은 하나님-사람들이다.

우리는 첫 번째 장에서 하나님의 자녀들은 하나님의 종(種)에 속한다는 것을 보았다. 하나의 종은 하나의 왕국이다. 식물의 왕국, 동물의 왕국, 사람의 왕국, 하나님의 왕국이 있다. 요한복음 3장은 우리가 하나님에게서 날 때 하나님의 왕국을 볼 수 있고 그 안으로 들어갈 수 있다고 말한다(3, 5절). 여기서 '왕국'이라는 말은 유기적인 영역 곧 종을 가리키는 것이지 통치 영역을 가리키는 것이 아니다. 주님은 니고데모에게 그가 거듭나지 않고서는 하나님의 왕국을 볼 수도, 이해할 수도 없다고 말씀하셨다. 사자가 아니라면 누가 사자의 왕국을 이해할 수 있겠는가? 여러분이 사자로부터 태어나 작은 사자가 될 때 즉시 사자의 왕국을 볼 수 있고 이해할 수 있다. 본다는 것은 내재적으로 이해한다는 것이다.

일단 하나님의 왕국 안으로 태어나 하나님의 자녀가 된 하나님-사람들인 우리는 먹어야 한다. 모든 하나님-사람들이 다 충분히 성장했다고 생각하지 말라. 하나님-사람들은 아기로 그들의 영적인 삶을 시작한다. 우리가 얼마나 영적으로 성숙했는지와 관계없이 우리 모두는 그리스도께서 우리를 유기적으로 먹이시고 목양하시는 것이 필요하다.

그리스도는 선한 목자이심

생명의 복음인 요한복음은 그리스도께서 우리의 생명이 되셔서 그분을 통해 우리가 하나님에 의해 거듭날 수 있게 하신다는 것뿐 아니라(11:25, 14:6), 그분께서 그분의 양 떼인 우리를 먹이시고 목양하시는 선한 목자이시라는 것을 보여 준다(요 10:10하-11, 14, 16). 아가에서 주님은 그분의 사랑하는 이를 양 떼의 발자취를 따라 그분께서 양을 치고 계시는 곳으로 가도록 인도하신다(1:7-8). 후에 그분은 백합화들 가운데서, 즉 주님을 추구하며 순수한 마음으로 하나님을 신뢰하는 삶을 사는 이들 가운데서 그분의 양 떼를 먹이신다(아 2:16, 6:3).

하나님의 자녀들은
그리스도의 먹이심과 목양이 필요함

영적인 출생 후에 믿는 이들은 갓난아기와 같이 그리스도의 먹이심과 목양이 필요하다. 이것은 그리스도께서 그분의 첫 번째 사도인 베드로에게 그분의 어린양들과 양들인 믿는 이들을 먹이고 목양함으로써 돌보라고 명령하신 것과 같다(요 21:15-17). 요한복음 21장은 요한복음의 부록이다. 이 부록에서 그리스도는 부활 안에서 사도들에게 오셨고, 베드로에게 그분의 어린양들과 양들을 목양하라고 명령하셨다.

성도들을 온전하게 하기 위한 목자들

교회생활 안에서 머리이신 그리스도는 성숙한 이들에게 그분의 은사들을 주셨는데, 그들 중에는 목자들이 포함된다. 이렇게 그들에게 은사들을 주신 것은 성도들을 온전하게 하여 그리스도의 몸을 건축하기 위한 것이다(엡 4:11-12). 우리 모두는 우리를 온전하게 하려고 오는 목자들이 필요하다. 이것이 활력 그룹에 필요하다. 활력 그룹은 반드시 하나님-사람들의 그룹이 되어야 한다.

그리스도는 목자장과 큰 목자이심

믿는 이들의 구속자요 구주요 생명이신 그리스도는 목자장(벧전 5:4)과 큰 목자(히 13:20)가 되셨으며, 감독(벧전 2:25)으로서 그분의 믿는 이들을 목양하신다. '목자장'이라는 말은 베드로의 말이며, '큰 목자'라는 말은 바울의 말이다. 하나님의 모든 믿는 이들은 이 한 목자 아래 있어야 하며, 그분께서 감독으로서 믿는 이들을 돌보신다. 교회들이 너무나 약한 이유는, 목자장이시며 감독이신 그리스도와 함께하는 활력 그룹을 잃었기 때문이다. 나는 앞으로 몇 년간 먹임과 목양을 요소로 하는 새로운 활력 그룹들을 실행하고자 한다. 우리가 다른 사람들을 어떻게 먹이고 목양하는지 알지 못한다면 활력 그룹을 가질 수 없다.

목양은 먹임을 포함함

목양은 먹임, 특별히 새로 태어난 사람들을 돌보며 먹이는 것을 포함한다. 새로 태어난 이들을 먹이기에 가장 좋은 것은 바로 젖이다(벧전 2:2, 고전 3:2상, 히 5:13). 사도 바울은 자신을 이처럼 젖을 먹이는 어머니에 비유하였다(살전 2:7).

하나님-사람들의 신성한 생명 안에서의 성장을 위해

먹임과 목양 모두는 하나님-사람들이 그들의 매일의 구원을 위해 하나님의 신성한 생명 안에서 성장하기 위한 것이다(벧전 2:2하). 우리는 우리의 매일의 구원이 되는 하나님의 유기적인 구원이 필요하다. 베드로전서 2장 2절은 갓난아기들처럼 말씀의 순전한 젖을 사모함으로 구원, 곧 매일의 구원에 이르러야 한다고 말한다. 우리는 화를 내고, 다른 사람들을 비난하고, 다른 사람들을 합당하지 않게 대하고, 심지어 거짓말을 하는 것 등으로부터 구원받을 필요가 있다. 그러한 죄악된 행실들로부터 매일 구원받는 것이 필요하다. 우리는 말씀의 젖을 먹음으로 구원받을 수 있다.

에베소서와 같이 놀랍고 깊은 책에서도 바울은 도둑질하는 사람은 더 이상 도둑질하지 말라고 말한다(4:28). 그렇게 높고도 깊은 책에도 이런 낮은 권고가 있다. 만약 우리 가운데 도둑질하는 이가 있다면, 우리는 아마 그가 구원받지 않은 사람이라고 생각할 것이다. 그러나 바울이 지적한 것은 그러한 구원받은 사람들에게 매일의 구원이 필요하다는 것이다. 그들에게는 아침 부흥을 위하여 에베소서 4장 28절의 "도둑질하는 사람은 더 이상 도둑질하지 말고"라는 말씀이 필요하다.

바울은 또한 에베소서에서 부모를 공경하는 것에 관해 말한다(6:1-3). 우리 가운데 있는 모든 젊은 사람들에게 이 말씀이 필요하다. 또한 나이가 얼마나 들었는지와 상관없이 사람은 여전히 자신의 부모를 공경해야 한다. 어떤 형제는 그의 자녀들에게 이야기하는 방식과 그의 부모에게 이야기하는 방식이 다르다. 우리가 우리 부모에게 말하는 방식은 반드시 공경하는 방식이어야 한다. 오늘날 어떤 자녀들은 그들의 부모를 부를 때 이름을 부른다. 이것은 부모를 공경하거나 존경하는 방식으로 말하는 것이 아니다. 그러한 매일의 생활의 죄들에 대해 우리는 말씀의 젖을 먹음으로써 매일의 구원을 받는 것이 필요하다. 그럴 때 우리는 매일의 구원에 이르도록 자랄 수 있다.

목자의 먹이심은
믿는 이들을 신성한 생명 안에서
성숙하게 하기 위한 것임

목자의 먹이심은 믿는 이들이 매일의 구원에 이르도록 자라게 할 뿐 아니라 신성한 생명 안에서 성숙하게 한다. 이는 하나님-사람들이 그리스도의 몸으로 건축되기 위해 필요한 것이다(히 5:14, 엡 4:12-13).

오랜 세월 동안 성도들을 보아 오면서, 나는 어떻게 그리스도의 몸이 건축될 수 있는지 의아했다. 어떤 장로들은 너무 강하고 어떤 장로들은 너무 약하다. 둘 다 잘못된 것이다. 만약 어떤 장로가 너무 강하거나 너무 약하다면, 그는 장로의 직분에 있을 자격이 없다. 오직 너무 강하거나 너무 약하지 않은 온유한 사람만이 장로가 될 자격이 있다. 어떤 형제들은 매우 좋지만 사람들에게 말하기를 좋아하지 않는다. 그들은 주님과 진리에 대하여 알기 때문에 마땅히 활력 그룹에서 강한 지체들이 되어야 한다. 그러나 그들은 거의 말을 하지 않는다. 우리 가운데 어떤 사람들은 너무 강하고 어떤 사람들은 너무 약하다. 결과적으로 건축이 없다. 우리가 하나님-사람의 생활을 하지 않기 때문에 건축이 없는 것이다. 하나님-사람의 생활은 우리를 그리스도의 몸 안에서 건축되는 데 적합하게 만들 것이다. 이러한 생활은 우리가 말씀의 젖을 먹은 결과이며, 우리를 매일의 생활 가운데 구원에 이르도록 자라게 할 것이다.

보양하심과 보살피심

몸의 머리이신 그리스도는 우리를 보양하시며 보살피신다(엡 5:29). 그리스도의 목양은 보양하심과 보살피심을 포함한다. 보양하는 것은 우리를 먹이는 것이고, 보살피는 것은 우리를 위로하고 편안하게 하며 부드러운 사랑으로 양육하고 부드럽게 돌보며 기르는 것이다. 이 모든 것은 우리가 신성한 생명 안에서 자라게 도움으로써 우리를 충분히 성장한 사람이 되게 하고 신성한 생명 안에서 성숙되게 한다(골 1:28, 엡 4:13). 보살피는 것은 사람들을 기쁘게 한다. 교회생활 안에서 때로 우리는 사람들을 주님 안에서 기쁘게 해 주어야 한다.

그리스도의 몸 안에서 기능들이 나타남

그리스도의 먹이심은 믿는 이들이 신성한 생명 안에서 성장하게 하기 위한 것이고, 하나님-사람들의 신성한 생명 안에서의 성장은 그리스도의 몸 안에서 그들의 기능이 나타나게 하기 위한 것이다.

그리스도의 먹이심은 전적으로 그리스도의 몸을 위하시는 그 영과 관련됨

믿는 이들은 하나님의 영인 하나님의 말씀(엡 6:17)을 먹음으로써 신성한 생명 안에서 자라고, 그리스도의 몸 안에서의 믿는 이들의 기능도 그 영에 의해 나타난다(고전 12:11). 그러므로 결국 그리스도의 먹이심은 전적으로 그리스도의 몸을 위하시는 그 영과 관련되며(엡 4:4), 하나님의 영원한 경륜의 궁극적인 목표를 완성한다. 다른 사람들을 목양하고 먹이는 데에서 우리가 하는 모든 것은 그 영과 관련된다. 하나님-사람의 생활의 모든 것이 그 영과 관련된다. 그러므로 우리는 그 영의 사람들이 되어야 한다. 오직 그 영의 사람들만이 합당한 하나님-사람의 생활을 가질 수 있다.

장로들의 책임과 활력 그룹의 기능의 중요한 부분

이와 같은 그리스도의 먹이심과 목양은 반드시 교회들에 대한 장로들의 책임이 되어야 하며(벧전 5:2, 행 20:28), 활력 그룹의 기능의 중요한 부분이 되어야 한다. 어떤 사람이 어떻게 다른 사람들을 먹이며 목양하는지를 알지 못한다면 그는 장로가 될 자격이 없다. 장로의 책임은 성도들을 먹이며 목양하는 것이고, 오늘날 활력 그룹이 갖는 기능의 가장 중요한 부분 또한 먹임과 목양이다. 먹임과 목양은 시간을 필요로 하며 인내가 요구된다. 우리는 반드시 인내를 가지고 끈기 있게 활력 그룹을 실행해야 한다. 빠른 열매를 기대해서는 안 된다. 빠른 열매는 왔다가 가 버린다. 우리는 시간을 들여 다른 이들을 먹이며 목양해야 한다. 주님은 우리와 함께 이 일을 하고 계신다.

그리스도를 따르는 나이 든 한 사람으로서 오늘도 나는 그분의 먹이심과 목양이 필요하다. 극소수의 사람들만이 내 나이와 관련된 나의 고통을 이해한다. 나의 고통을 알고 있는 유일한 분은 바로 그리스도이시다. 그러므로 나는 나를 목양하시고 먹이시는 그분이 필요하다. 그분은 나의 목자장이시며 큰 목자이시다. 우리 모두는 그리스도의 유기적인 먹이심과 목양 아래 있어야 하며, 또한 그분과 하나 되어 다른 사람들을 먹이고 목양해야 한다.

3

첫 번째 하나님-사람의 생활 ― 구유에서 십자가까지 (1)

The First God-man's Living—
from the Manger to the Cross (1)

제3장

첫 번째 하나님-사람의 생활 — 구유에서 십자가까지 (1)

성경: 눅 2:7-16, 21-25, 34-35, 40, 49, 52, 3:23, 마 2:1-23, 골 2:11, 사 53:2-3, 52:14, 히 4:15하, 2:18, 민 4:3

개요

Ⅰ. 유아기에.

A. 구유에 뉘어지심 — 눅 2:7-16.

B. 반대자들로부터 피하심.

1. 이스라엘 땅에서 이집트로 — 마 2:1-15.
2. 이집트에서 다시 이스라엘 땅으로 — 마 2:16-21.
3. 베들레헴에서 갈릴리로 가시고 나사렛에서 사심 — 마 2:22-23.

Ⅱ. 유년기에.

A. 팔 일째 되는 날에 할례를 받으시고 주님께 속하시도록 거룩하게 되셨다 — 눅 2:21-24, 골 2:11.

B. 이스라엘의 위로를 기다리고 있던 사람인 시므온은 예수님의 어머니 마리아에게 "보십시오, 이 아기는 이스라엘 가운데 많

은 사람을 넘어지게도 하시고 일어서게도 하시도록 세워지실 것이며, 또 사람들에게 비방을 당하는 표시로 세워지실 것인데,—그래서 또한 칼이 그대의 혼을 꿰뚫는 것과 같을 것입니다.—이것은 많은 사람의 마음속에 있는 생각을 드러내기 위한 것입니다."라고 예언했다 — 눅 2:25, 34-35.

C. 자라시면서 강하여지시고, 지혜(그분의 신성을 가리킴)가 충만해지셨으며, 하나님의 은혜(그분의 인성 안에 있는 하나님의 은혜를 가리킴)가 함께했다 — 눅 2:40.

D. 열두 살이 되셨을 때 그분은 부모에게 "내가 마땅히 내 아버지의 일 가운데 있어야 합니다." 혹은 "내가 내 아버지의 집에 있어야 합니다."라고 말씀하셨다(눅 2:49). 일찍이 열두 살의 나이에 첫 번째 하나님-사람은 아버지의 일들 곧 그분의 아버지의 집에 관련된 일들 가운데 계셨다. 이 집은 교회로서 그리스도의 몸으로 귀결되며, 그리스도의 몸은 하나님의 영원한 경륜의 성취를 위해 새 예루살렘을 완결할 것이다.

E. 예수님은 지혜(그분의 신성을 가리킴)와 키(키와 나이로 나타난 그분의 인성을 가리킴), 그리고 하나님과 사람 앞에서 그분 안에 나타난 은혜가 자라 가셨다 — 눅 2:52.

Ⅲ. 열두 살부터 서른 살까지의 침묵기에(눅 3:23).

A. 그분은 여호와 앞에서 연한 식물처럼, 마른땅에서 나온 뿌리처럼 자라나셨다(사 53:2상). 이것은 그분의 가정이 가난했음을 가리킨다.

B. 그분께는 매력적인 모습도, 주목할 만한 위엄도, 사모할 만한 멋진 풍채도 없으셨다(사 53:2하). 이것은 그분의 신분과 신장에 사람들을 매혹하는 고상함이나 흠모할 만한 풍채가 없었음을 상징한다.

C. 그분은 멸시받으시고 사람들에게 버림받으셨으며, 슬픔의 사람이시자 비통을 아는 사람이셨으며, 아무에게도 존중받지 못하셨다 — 사 53:3.

D. 그분의 용모는 어떤 사람보다도 더 상했고 그분의 모습은 사람의 아들들보다도 더 상했다 — 사 52:14.

E. 모든 점에서 우리와 마찬가지로 유혹을 받으셨지만, 죄는 없으셨다 — 히 4:15하, 2:18.
앞에서 언급된 모든 상태와 상황은 사람을 사회적인 활동에서 잠잠하게 하고 활발하지 않게 한다.

F. 주님은 열두 살의 나이에도 하나님의 집에 관심하셨지만, 하나님은 아직 주님께 그리스도의 몸으로 귀결되는 하나님의 집을 돌보고 새 예루살렘을 완결하는, 그분의 영원한 경륜의 성취를 위한 사역을 수행하는 일을 위임하지 않으셨다.

G. 많은 하나님의 종들은 그러한 침묵의 시간을 견디지 못했다. 오히려 그들은 하나님께서 주신 이와 같은 시험에 실패했다. 그리스도의 몸으로 귀결되는 하나님의 집을 돌보는 참된 사역은 나이의 성숙이 필요하다(민 4:3).

이번 장에서 우리는 첫 번째 하나님-사람의 생활을 보고자 한다. 우리 중 많은 사람이 '하나님-사람'이라는 용어를 알고 있다. 하지만 우리는 신약의 어느 곳에 이 하나님-사람이 언급되어 있는지 분명하게 제시할 수 있어야 한다. 우리는 요한복음 1장 14절과 마태복음 1장 23절을 사용할 수 있다. 하지만 이 두 절이 가장 좋은 절들은 아니다. 요한복음 1장 14절은 말씀께서 육체가 되셨다고 말한다. 이 절은 하나님-사람을 암시하는데, 왜냐하면 이 말씀은 육체 안에서 사람이 되신 하나님 자신을 가리키기 때문이다. 마태복음 1장 23절은 주님의 이름이 임마누엘 곧 우리와 함께 계시는 하나님이라고 불릴 것이라고 말한다. 그분은 하나님이시고 또한 우리 가운데 거하시려고 육체가 되신 하나님이시다.

하나님-사람을 계시하는 최고의 절들은 로마서 1장 3절과 4절이다. 이 절들은 우리 주 예수 그리스도께서 육체에 따라 말하자면 다윗의 씨에서 나셨고, 거룩한 영에 따라 말하자면 죽은 사람들 가운데서 부활하시어 하나님의 아들로 인정되셨다고 말한다. 하나님의 아들은 하나님 자신이시다. 그리스도는 두 근원과 두 요소를 가지고 계신다. 하나는 육체이고 다른 하나는 거룩한 영이다. 육체는 그분의 인성을 가리키고 거룩한 영은 그분의 신성을 가리킨다. 이분은 두 본성 곧 인성과 신성을 지닌 한 인격이시다.

바울이 로마서 1장 3절과 4절에서 언급하지 않았다면, 우리는 그리스도께서 두 본성과 두 근원을 지니신 첫 번째 하나님-사람이심에 대해 분명한 조망을 갖지 못했을 것이다. 이 하나님-사람은 대량 생산을 위한 원형이셨다. 그분은 첫 번째 하나님-사람이시며, 우리는 많은 하나님-사람들이다. 베드로후서 1장 4절은 우리가 신성한 본성에 동참한 사람들이 되었다고 말한다. 요한복음 1장은 하나님이신 말씀 안에 생명이 있었고, 이 생명은 어둠 속에 비치는 사람들의 빛이라고 말한다. 누구든지 이 비춤을 받는 이는 말씀 안에 있는 생명을 받아들이며 하나님의 자녀가 되는 권위를 받는다.

만일 하나님에게서 태어난 하나님의 자녀들이 하나님들이 아니라면 그들은 누구인가? 자녀들과 아버지는 같은 종(種)이 아닌가? 요한복음 3장 6절은 "육체로 난 것은 육체이고"라고 말한다. 우리와 우리의 부모는 모두 같은 종, 육체의 종이다. 이 절은 또한 "그 영으로 난 것은 영입니다."라고 말한다. 이 두 영은 같은 종이며 근원이 같다. 우리는 하나님에게서 태어나 많은 하나님-사람들, 하나님의 자녀들이 되었다. 또한 우리가 믿고 경배하며 따르는 우리의 주님도 첫 번째 하나님-사람이시다.

창세기 1장은 첫 번째 사람인 아담을 말하고, 로마서 1장은 첫 번째 하나님-사람이신 그리스도를 말한다. 아담의 근원은 하나님이었다. 누가복음 3장에 있는 족보는 아담이 하나님의 아들이라고 말한다(38절). 아담은 하나님의 아들인데, 이는 그가 하나님의 형상을 지녔으며 하나님께서 그의 근원이시기 때문이다. 창세기 1장에서 모든 것들이 그 종류, 곧 그 종에 따라 창조되었다. 그러나 사람은 하나님의 종류에 따라 창조되었는데, 이는 그가 하나님의 형상대로 하나님의 모양에 따라 창조되었기 때문이다(26절). 이런 면에서 아담은 형상과 모양에서 하나님의 아들이었다. 하지만 그에게는 하나님의 형상만 있었을 뿐 하나님의 생명과 본성은 없었다. 우리는 다르다. 우리는 그분에 의해 창조되었을 뿐 아니라 그분에게서 태어났다. 그러므로 하나님은 우리의 진정한 참 아버지이시고, 우리는 그분의 진정한 참자녀들이다. 우리는 하나님의 자녀라고 말할 수 있는 권위를 갖고 있다. 우리는 하나님의 형상과 그분의 생명과 본성을 갖고 있다. 로마서 8장 16절은 그 영께서 직접 우리의 영과 함께 우리가 하나님의 자녀들인 것을 증언하신다고 말한다. 이것은 위대한 사실이다. 하나님의 자녀들은 하나님-사람들이다. 우리가 주 예수님을 받아들이고 그분께서 우리 영 안으로 들어오셨을 때, 즉시 우리에게는 하나의 권위가 주어졌다. 그 권위는 신성한 생명이며 이 생명에는 신성한 본성이 있다. 우리는 하나님의 생명과 본성을 갖고 있다. 왜냐하면 우리는 하나님에게서 나서 그분의 자녀들이 되었기 때문이다. 우리는 하나님-사람들이다.

우리는 하나님-사람들이라는 우리의 신분을 잊지 말아야 한다. 이것이 우리가 생활하는 방식에 영향을 줄 것이다. 우리는 자신을 하나님-사람이라고 인정하는 데에 아직 철저하지 못하다. 자신이 하나님-사람임을 깨닫고 그것을 마음속에 품고 있다면, 우리는 즉시 우리의 신분을 높이 올릴 것이다. 하나님-사람이 백화점의 판매원과 다툴 수 있겠는가? 1968년에 나는 미국 시민권을 얻어 미국 여권을 가지고 여행하게 되었다. 그때부터 나는 미국 시민으로서 행동했다. 나는 나의 신분을 귀히 여겼다. 하나님-사람들인 우리의 신분도 마찬가지이다. 우리는 하나님-사람들인 우리의 신분을 너무나 값싸게 팔아 버린다. 우리는 높은 단계, 하나님-사람의 생활을 사는 단계까지 높이 이끌려야 한다. 많은 그리스도인들은 그리스도인인 그들의 신분을 팔아 버렸다. 왜냐하면 그들은 세상적인 사람들처럼 살기 때문이다. 우리는 다른 부류의 그리스도인들이 되어야 한다. 우리는 오늘날의 하나님-사람들이다. 이것은 우리가 하나님에게서 났기 때문이다. 그분은 우리의 신성한 아버지이시며 우리는 그분의 신성한 아들들이다. 이러한 인식을 갖는다면 우리는 가볍게 행동하거나 마음대로 말하지 않을 것이다. 사랑하는 성도들이여, 우리의 직업이 선생이든 의사든 무엇이든, 우리의 신분이 하나님-사람인 것을 잊지 말아야 한다. 하나님-사람은 하나님-사람의 생활을 해야 한다.

하나님-사람의 생활은 하나의 원형이 있는데 그것이 우리의 본이 되어야 한다. 첫 번째 하나님-사람의 생활은 구유에서 십자가까지이다. 그분의 삶의 시작과 끝에 두 가지 예표가 있다. 젊었을 때 나는 구유와 십자가를 사랑하는가, 그러지 않는가에 대해 말하기를 주저했다. 그러나 오늘 나는 내가 구유에서 시작하고 십자가에서 끝나는 생활을 하고 있는 것이 영광스럽다고 느낀다. 이것이 하나님-사람의 생활이다. 주님은 자신을 낮추는 길을 가셨고, 순종하시어 죽기까지 하셨으며, 십자가에서 죽으셨다(빌 2:8). 그분은 이러한 종류의 삶, 즉 구유에서 시작하고 십자가에서 끝나는 삶을 선택하셨다.

베드로는 그리스도께서 이미 육체에 고난을 받으셨으니 우리도 동일한 생각으로 자신을 무장해야 한다고 말한다(벧전 4:1). 우리는 고난을 받고자 하는 확고한 마음을 가져야 한다. 나는 구원받은 즉시 이렇게 기도했다. "하나님, 오늘 이후로 저는 당신을 원합니다. 저는 다른 어떤 것도 원치 않습니다. 저의 일생이 당신의 복음을 전하는 데 드려지기 원합니다. 제게 성경이 있다면, 산에서 흘러내리는 물을 마시고 나무뿌리를 먹는 것으로도 만족합니다." 그것이 나의 그리스도인의 생활의 시작이었다. 나는 주님의 권익을 위해 고난받을 준비가 되어 있었다. 약 칠십 년이 지난 오늘까지 가난과 고통의 그 어느 것도 나를 넘어뜨리지 못했다. 우리는 그러한 마음으로 우리 자신을 무장해야 한다. 그러나 그것이 우리의 타고난 담대함에서 나온 것이어서는 안 된다. 이것이 구유와 십자가의 좁은 길을 취하신 주 예수 그리스도를 따르는 것이다.

유아기에

주님의 유아기는 두 가지를 보여 주는데, 구유에 뉘어지심(눅 2:7-16)과 반대자들로부터 피하심이다.

구유에 뉘어지심

겸허와 작음을 의미하는 구유에 있는 아기는 사람-구주의 일생을 나타내는 것이었다(눅 2:12).

반대자들로부터 피하심

그분은 이스라엘 땅에서 이집트로 피하셨으며(마 2:1-15), 이집트에서 이스라엘 땅으로 다시 돌아오셨다(16-21절). 그 후 그분은 베들레헴에서 갈릴리로 가셨으며 나사렛에서 사셨다(22-23절). 갈릴리는 멸시받는 지방이었다. 그분은 나사렛 사람으로 알려지셨다. '나사렛 사람'이라는 별명은 그분께서 나사렛이라는 보잘것없는 동네에 가셨기 때문에 유래된 말이다. 나는 훈련받고 있는 우리 청년들이 첫 번째 하나님-사람의 생활의 본을 보도록 돕고자 한다. 우리는 여러분이 대도시에 가서 왕자가 되도록 여러분을 훈련시키고 있는 것이 아니다. 우리는 여러분이 피하도록 훈련시키고 있다. 내가 미국에 온 것은 이 땅으로 피한 것이었다. 미국에서 나는 말할 수 있는 자유를 가지고 주님의 회복을 확산시키기 위해 주님께서 내게 보여 주신 모든 것을 전한다.

유년기에

팔 일째 되는 날에 할례를 받으시고 주님께 속하시도록 거룩하게 되심

유년기에 주 예수님은 팔 일째 되는 날에 할례를 받으시어 육체를 벗으시고 주님께 속하시도록 거룩하게 되셨다(눅 2:21-24, 골 2:11). 할례는 우리가 우리의 육체를 따라 살지 말아야 함을 표시한다. 부정적인 방면에서 주님은 할례를 받으셨다. 긍정적인 방면에서 그분은 거룩하게 되시도록 주님께 드려지셨다.

시므온의 증언

또한 이스라엘의 위로이신 그리스도를 기다리고 있던 사람인 시므온은 예수님의 어머니 마리아에게 "보십시오, 이 아기는 이스라엘 가운데 많은 사람을 넘어지게도 하시고 일어서게도 하시도록 (하나님에 의해) 세워지실 것이며, 또 사람들에게 비방을 당하는 표시로 세워지실 것인데,—그래서 또한 칼이 그대의 혼을 꿰뚫는 것과 같을 것입니다.—이것은 많은 사람의 마음속에 있는 생각을 드러내기 위한 것입니다."라고 예언했다(눅 2:25, 34-35). 유년기부터 그분은 반대를 받는 표시가 되셨으며, 사람들의 비방의 중심이 되셨다. 우리가 자신을 하나님-사람들로 여기는 것에 대해 진지하다면 우리는 사람들의 이야기의 중심이 될 것이다. 사람들이 우리에 대하여 하는 말은 그들의 마음속에 있는 생각을 드러낼 것이다.

자라시면서 강하여지심

예수님은 자라시면서 강하여지시고, 지혜(그분의 신성을 가리킴)가 충만해지셨으며, 하나님의 은혜(그분의 인성 안에 있는 하나님의 은혜를 가리킴)가 함께했다(눅 2:40). 우리는 우리의 자녀들이 이렇게 자라기를 기대해야 한다.

아버지의 집에 관련된 일 가운데 계심

열두 살이 되셨을 때 그분은 부모에게 "내가 마땅히 내 아버지의 일 가운데 있어야 합니다." 혹은 "내가 내 아버지의 집에 있어야 합니다." 라고 말씀하셨다(눅 2:49). 일찍이 열두 살의 나이에 첫 번째 하나님-사람은 아버지의 일들 곧 그분의 아버지의 집에 관련된 일 가운데 계셨다. 이 집은 교회로서 그리스도의 몸으로 귀결되며, 그리스도의 몸은 하나님의 영원한 경륜의 성취를 위해 새 예루살렘을 완결할 것이다. 하나님의 영원한 경륜에서 중심은 그분의 집이다. 이 집은 오늘날의 교회이며, 이 교회는 그리스도의 몸으로 귀결되고, 그리스도의 몸은 새 예루살렘을 완결한다. 주님은 아직 열두 살이셨지만 하나님의 경륜에 관심하셨다. 새 예루살렘은 성경 육십육 권 전체의 결말이다. 이 거룩한 성은 바로 삼일 하나님의 유기체로서 삼일 하나님과 그분께서 구속하신 사람들로 구성된다.

하나님은 매우 사려 깊고 목적이 있는 분이시다. 그분은 그분의 선한 기쁨인 마음의 갈망을 갖고 계셨기 때문에 하나의 경륜을 세우셨다. 디모데전서 1장 3절과 4절에서 바울은 디모데에게 어떤 사람들에게 명령하여 하나님의 경륜이 아닌 다른 것들을 가르치지 못하게 하라고 말했다. 에베소서 3장에서 우리는 무엇이 하나님의 경륜인지 볼 수 있다. 하나님의 경륜은 그리스도의 측량할 수 없는 풍성을 사람들에게 분배하시어 교회를 산출하시려는 하나님의 계획이다(엡 3:8-11). 이 교회는 그리스도의 몸으로 귀결되며, 그리스도의 몸은 새 예루살렘으로 완결된다. 새 예루살렘은 그리스도의 몸의 완결이며 하나님의 경륜의 총체이다. 우리는 이것을 위해 여기에 살고 있다. 우리는 주 예수님께서 열두 살 때 관심하셨던 아버지의 집에 관심한다.

지혜와 키가 자라심

주 예수님은 지혜(그분의 신성을 가리킴)와 키(키와 나이로 나타난 그분의 인성을 가리킴), 그리고 하나님과 사람 앞에서 그분 안에 나타난 은혜가 자라 가셨다(눅 2:52). 그분은 어린 시절에 이러한 방식으로 자라나셨다. 오늘날 하나님-사람들인 우리 모두는 이러한 방식으로 자라나야 한다.

열두 살부터 서른 살까지의 침묵기에

그분은 여호와 앞에서 연한 식물처럼, 마른땅에서 나온 뿌리처럼 자라나심

주님께서 마른땅에서 나온 뿌리이신 것(사 53:2상)은 그분께서 가난한 가정 출신이심을 가리킨다.

매혹하는 고상함이나 흠모할 만한 풍채가 없으심

그분께는 매력적인 모습도, 주목할 만한 위엄도, 사모할 만한 멋진 풍채도 없으셨다(사 53:2하). 이것은 그분의 신분과 신장에 사람들을 매혹하는 고상함이나 흠모할 만한 풍채가 없었음을 상징한다.

멸시받으시고 사람들에게 버림받으심

그분은 멸시받으시고 사람들에게 버림받으셨으며, 슬픔의 사람이시자 비통을 아는 사람이셨으며, 아무에게도 존중받지 못하셨다(사 53:3).

그분의 용모는 어떤 사람보다도 더 상함

그분의 용모는 어떤 사람보다도 더 상했고, 그분의 모습은 사람의 아들들보다도 더 상했다(사 52:14).

유혹을 받으셨지만 죄는 없으심

그분은 모든 점에서 우리와 마찬가지로 유혹을 받으셨지만, 죄는 없으셨다(히 4:15하, 2:18).

앞에서 언급된 모든 상태와 상황은 사람을 사회적인 활동에서 잠잠하게 하고 활발하지 않게 한다. 만약 우리가 이 모든 상태와 상황 가운데 있다면 우리는 침묵할 것이다. 왜냐하면 아무도 우리를 귀히 여기거나 존경하지 않기 때문이다. 사회에서 아주 활동적이고 사교적인 사람이 되는 것은 위험한 일이다. 주 예수님께서 이 땅에 계셨을 때 그분께는 이러한 종류의 위험이 없었다. 그분은 멸시받으셨고, 외적인 용모에서 흠모할 만한 것이 없으셨으며, 어떤 사람에게도 존중받지 못하셨다.

하나님께서 아직 그분께 위임하지 않으심

주님은 열두 살의 나이에도 하나님의 집에 관심하셨지만, 하나님은 아직 주님께 그리스도의 몸으로 귀결되는 하나님의 집을 돌보고 새 예루살렘을 완결하는, 그분의 영원한 경륜의 성취를 위한 사역을 수행하는 일을 위임하지 않으셨다. 사람들은 너무 빠르게 움직이지만 하나님은 인내하신다. 하나님은 아담에게 그분께서 여자의 씨로 오셔서 사탄을 멸망시키실 것이라고 말씀하셨다. 하지만 그 일은 사천 년이 지나서야 이루어졌다. 주 예수님께서 태어나셨을 때, 그것은 바로 창세기 3장 15절에서 아담에게 하신 하나님의 약속의 성취였다.

참된 사역은 나이의 성숙이 필요함

많은 하나님의 종들은 그러한 침묵의 시간을 견디지 못했다. 오히려 그들은 하나님께서 주신 이와 같은 시험에 실패했다. 그리스도의 몸으로 귀결되는 하나님의 집을 돌보는 참된 사역은 생명(나이)의 성숙이 필요하다(민 4:3). 성숙할수록 더 지혜롭게 될 것이다. 장로들은 어느 정도의 성숙에 이르도록 자란 형제들이어야 한다. 그럴 때 그들은 장로들이 될 자격이 있다. 나는 모든 젊은이들이 원형이신 첫 번째 하나님-사람의 본을 따라 훈련받고 계속 자라나기를 기대한다.

4

첫 번째 하나님-사람의 생활 — 구유에서 십자가까지 (2)

The First God-man's Living—
from the Manger to the Cross (2)

제4장

첫 번째 하나님-사람의 생활 — 구유에서 십자가까지 (2)

성경: 마 3:13-17, 21:32, 요 1:14, 롬 1:3-4, 8:3, 마 12:17-19, 히 1:9, 마 4:1-11

개요

Ⅳ. 그분의 사역 안에서.

A. 하나님의 영원한 경륜의 성취를 위한 첫 번째 하나님-사람의 사역의 개시.

1. 침례자 요한에 의한 침례를 통해 — 마 3:13-17.

a. 요한이 가져온 의의 길에 따라 의를 이루기 위해 — 마 3:15, 21:32.

b. 그분의 육체(그분의 인성—요 1:14, 롬 1:3, 8:3)에 따르면 그분이 죽고 장사되기에만 적합함을 인정하셨다.

2. 아버지 하나님의 기름부음에 의해 — 마 3:16하-17.

a. 하늘이 열린 것은 그분의 침례의 의미가 하늘에 의해 받아들여지고 확정되었음을 가리킨다.

b. 성령께서 그분 위에 내려오신 것은 삼일 하나님께서 그분의 사역의 근원과 공급과 능력과 권위로서 그분과 하나이신 것을 가리킨다.

c. 그분께서, 거룩한 영(그분의 신성—롬 1:4)에 따르면 하나님의 아들 곧 아버지께서 사랑하시는 아들이시자 아버지의 기쁨이신 아들이심이 온 우주에, 특별히 천사들에게 선포되었다.

d. 아버지의 선택하심에 근거하여 — 마 12:17-19.

e. 의를 사랑하시고 불법을 미워하심으로 인해 — 히 1:9.

B. 그분께서 받으신 유혹들.

1. 그분의 사역의 초기에 — 마 4:1-11.

a. 이러한 유혹은 그분께서 사역을 맡으시기 전에 하나님-사람을 시험하기 위해 하나님께서 안배하신 것이며, 하나님의 성령의 인도 아래 이루어졌다 — 마 4:1상.

b. 마귀의 유혹 — 마 4:1하-10.

1) 마귀는 하나님-사람께서 기름부음 받으실 때 그분이 하나님께서 사랑하시는 아들이라고 말씀하신 아버지 하나님의 말씀을 근거로 그분을 유혹하여, 그분께 스스로를 높이고 스스로를 영광스럽게 하여 그분이 하나님의 아들임을 드러내고 그분의 배고픔을 해결하기 위해 돌들에게 명령하여 떡덩이가 되게 하는 기적을 행하라고 말했다. 그러나 하나님-사람은 자신을 드러내지 않으심으로써, 또한 떡에 관심하지 않으시고 하나님의 모든 말씀에 관심하심으로써 마귀를 패배시키셨다 — 마 4:3-4.

2) 다시 마귀는 하나님-사람이 아버지께서 사랑하시는 아들이라는 아버지 하나님의 말씀에 근거하여, 성전 꼭대기에서 뛰어내리도록 하나님-사람을 유혹하였다. 마귀는 하나님께서 천사들에게 명령하시어 그분을 떠받치실 것이라고 말했다. 그러나 하나님-사람은 마귀에게 '주 그대의 하나님을 시험해서는 안 된다'고 성경에 기록되어 있다고 말씀하심으로써 그를 이기셨다 — 마 4:5-7.

3) 마귀는 하나님-사람을 매우 높은 산으로 데리고 가서, 세상의 모든 나라와 그 영광을 보여 주며 "그대가 엎드려 나에게 경배하면, 이 모든 것을 그대에게 주겠소."라고 말했다. 그러나 하나님-사람은 세상에 속한 나라들과 그 영광을 사랑하지 않으심으로써, 또한 마귀에게 "사탄아, 물러가거라! 성경에 '주 그대의 하나님께 경배하고, 오직 그분만을 섬겨야 합니다.'라고 기록되어 있다."라고 말씀하심으로써 마귀를 정복하셨다 — 마 4:8-10.

c. 하나님의 영의 인도 아래 첫 번째 하나님-사람은 마귀의 유혹을 받도록 이끌리셨는데, 이것은 그분께 시험이었다. 하나님의 원수인 마귀에게 그 유혹은 하나의 유혹이었지만 하나님께는 하나의 시험이었다. 그 시험은 하나님의 영원한 경륜의 성취에 대한 사탄과 하나님 사이의 전쟁이 되었다. 사탄은 하나님께서 사람에 의해, 그 육체 안에서 곧 그가 독을 주입하고 황폐하게 한 그 인성 안에서 자신을 멸망시키고자 하시는 것을 알았으므로, 첫 번째 하나님-사람을 유혹하여 그분의 인성의 위치를 떠나 하나님의 아들의 위치를 취하시게 하려는 계략을 가졌다. 이를 아신 첫 번째 하나님-사람은 '사람'(마 4:4)이라고 말씀하심으로써, 곧 사람으로서의 그분의 위치를 견고히 붙잡으심으로써 싸우셨다. 이것은 사탄의 간교한 책략을 무산시켰다. 더 나아가 하나님-사람은 두 번째와 세 번째 싸우실 때, 성경에 '주 그대의 하나님을 시험해서는 안 된다'고 기록되어 있고, '주 그대의 하나님께 경배하고, 오직 그분만을 섬겨야 한다'고 기록되어 있다고 대답하셨다(마 4:7, 10). 이러한 대답은 그분께서 사람 곧 하나님의 피조물로서 하나님의 다른 피조물인 사탄을 처리하시며, 하나님의 영광을 위해 가장 확고하게 하나님의 편에 서시겠다는 것을 분명하게 강조하시는 것이었다.

d. 하나님-사람께서 유혹하는 자의 첫 번째 유혹을 물리치신 것은 그분께서 하나님의 시험을 통과하신 것과 같은 의미이며, 하나님의 기름부음을 받으신 분, 메시아, 하나님의 경륜을 위한 그리스도가 되실 자격을 그분께 부여했다.

e. 이 첫 전쟁에서 사탄의 의도는 하나님의 경륜을 위해 하나님께 기름부음을 받으신 분을 멸하려는 것이었다. 그러나 사탄은 전쟁에서 졌으며, 하나님의 천사들 앞에서 부끄러움을 당한 채 전쟁터를 떠났다 — 마 4:11상.

f. 하나님의 경륜을 위한 이 첫 전쟁에서, 첫 번째 하나님-사람은 하나님의 영광을 위해 이기셨다. 하나님의 천사들은 승리에 차서 나아왔고, 사십 일 동안의 금식으로 인한 하나님-사람의 배고픔을 돌보면서 그분을 섬겼다 — 마 4:11하.

그분의 사역 안에서

마태복음 3장 13절부터 4장 11절까지는 주님께서 그분의 사역을 어떻게 시작하셨는지를 보여 준다. 그때 주님은 삼십 세이셨다(눅 3:23). 그리스도의 사역은 단지 죄인들을 구원하거나 선한 일을 행하는 것만이 아니라 하나님의 영원한 경륜을 성취하는 것이었다. 그분께서 삼십 세가 되셨을 때, 하나님은 하나님의 영원한 경륜을 성취하고자 하는 목적을 위해 그분을 세우셔서 그분의 사역을 수행하게 하셨다.

성경 육십육 권의 끝과 그 궁극적인 결과는 우리에게 하나님의 영원한 경륜의 결론을 보여 준다. 창세기는 입관된 요셉으로 끝나며, 출애굽기는 성막 안에 계시는 영광스러우신 하나님으로 영광스럽게 끝난다. 성경 전체의 마지막인 요한계시록의 마지막 두 장에는 거룩한 성 새 예루살렘이 있다. 성경, 특별히 신약은 거의 이십 세기 동안 연구되고 해석되고 가르쳐져 왔다. 우리는 우리 앞에서 신성한 계시의 많은 부분을 본 수많은 사람들의 어깨 위에 서 있다. 오늘날 우리의 성경 해석은 우리만의 좁은 관점에 기초를 두고 있지 않다. 그것은 단체적인 몸의 관점에 기초를 두고 있다.

성경 해설가들은 새 예루살렘이 문자 그대로의 성인지 혹은 예표인지를 말하는 데 어려움을 겪는다. 요한계시록 1장 1절은 분명하게 그리스도께서 표징들을 통하여 요한에게 그분의 계시를 알게 하셨다고 말한다. 그리스도이신 어린양은 하나의 표징이다. 등잔대들 또한 표징들이다. 요한계시록에서 영원토록 그리스도는 어린양으로 불리시는데, 이 어린양께는 아내가 있으시고 그 아내는 성이다. 21장 9절은 그 성이 어린양의 아내라고 말한다. 어떻게 성이 아내가 될 수 있는가? 요한계시록의 원칙을 볼 때 분명히 이 거룩한 성 또한 하나의 표징이며, 이 성은 수 세기를 통하여 거듭나고 변화되고 영광스럽게 된, 하나님의 구속받은 모든 성도들의 구성체를 상징한다. 이것은 물질적인, 생명이 없는 성이 아니라 하나의 단체적인 살아 있는 인격인 신부로서, 놀라운 인격이신 그리스도를 남편으로 소유한다. 이 거룩한 성은 하나님의 경륜의 궁극적인 완결이다.

하나님의 영원한 경륜의 성취를 위한 첫 번째 하나님-사람의 사역의 개시

첫 번째 하나님-사람이신 그리스도는 궁극적으로는 새 예루살렘에서 완결될 하나님의 영원한 경륜의 성취를 위해 이 땅에서 특별한 방식으로 사셨다. 사복음서의 중심은 바로 그리스도이다. 마태복음 1장 18절과 20절은 이 하나님-사람께서 성령으로 잉태되셨음을 말한다. 하나님-사람은 한 인격이시지만 두 근원을 갖고 계셨다. 첫 번째 근원은 신성하고, 두 번째 근원은 인간적이다. 그분은 두 본성, 곧 인간의 본성과 신성한 본성을 지닌 한 인격이셨다.

마태복음 3장 끝에서부터 4장 시작 부분까지는 이 하나님-사람께서 어떻게 사셨으며 사역하셨는지를 보여 준다. 이 부분은 세 가지 사건을 다룬다. 그리스도께서 침례 받으심, 하나님께 기름부음 받으심, 마귀에게 유혹받으심이다. 그분은 마귀에게 유혹받으셨지만, 성령께 이끌리시어 마귀인 사탄에게 유혹받으셨다. 그리스도께서 유혹받으신 것이 성령께 이끌리신 것이라는 사실을 깨달은 적이 있는가? 다른 말로 하면, 그분을 마귀의 유혹 안으로 넣으신 분이 성령이셨다는 것이다. 우리는 그분의 침례 받으심, 기름부음 받으심, 시험받으심의 내재적인 의미를 보아야 한다.

그리스도는 삼십 세가 되셨을 때 사역을 시작하셨는데, 이 나이는 하나님께서 그분을 섬기고자 하는 사람들에게 요구하신 완전한 나이이다. 구약에서 모든 제사장들은 삼십 세가 되어야 제사장이 될 수 있었다(민 4:3). 여러분이 이십오 세라면 여러분은 다만 수습생이며 배우는 이일 뿐 완전히 자격을 갖춘 제사장은 아니다. 누가복음 3장은 그리스도께서 삼십 세가 되셨을 때 사역하러 나오셨음을 말한다. 그다음으로 그분은 한 사람 곧 침례자 요한에게 침례 받으셨으며, 하나님께 기름부음 받으셨고, 사탄에게 유혹받으셨다. 사람, 하나님, 사탄이 모두 하나님-사람의 사역의 시작에 관련되었다.

침례자 요한에 의한 침례를 통해

요한이 가져온 의의 길에 따라 의를 이루기 위해

침례자 요한이 왔을 때 하나님은 모세의 율법을 버리셨다. 율법은 종결되었다. 침례자 요한은 오직 한 가지 길, 의의 길을 가지고 왔다. 마태복음 21장 32절에서 주님은 "요한이 여러분에게 의의 길로 왔지만"이라고 말씀하셨다. 우리는 '의의 길'이라는 표현에 주의를 기울여야 한다. 모세는 많은 율법과 율례와 규례를 이스라엘 사람들에게 가져왔다. 출애굽기, 레위기, 민수기, 신명기가 이 모든 것을 다룬다. 그러나 침례자 요한은 율법의 어떤 것도 가져오지 않았다. 그는 다만 의의 길로 왔다. '의의 길'이란 우리가 죽고 장사되기에만 합당하다는 것을 인정하는 것이다.

요한의 전파는 예수 그리스도의 복음의 시작이었다(막 1:1). 그는 "회개하십시오. 천국이 가까이 왔습니다."(마 3:2)라고 선포했다. 사람들이 회개했을 때, 요한은 사람들을 물속에 넣어 장사 지냈다. 요한은 물로 침례를 주었는데, 이것은 육체 안의 사람이 죽고 장사되기에만 적합하다는 것을 가리킨다. 그러나 그 후 주 예수님은 사람들을 그 영 안으로 넣으셔서 생명을 얻게 하셨다(마 3:11). 이것이 신약이다.

그리스도의 사역은 그분께서 침례 받으심으로써 시작되었다(마 3:13-17). 그분께서 사역을 수행하시기 전에 하신 첫 번째 일은, 침례 받으심으로써 요한이 가져온 의의 길에 따라 의를 이루시는 것이었다(마 3:15, 21:32). 이것은 비록 이스라엘 사람들이 모세의 모든 율법을 가졌다 하더라도, 그들이 하나님 앞에 전적으로 불의했다는 것을 뜻한다. 이스라엘 사람들에게는 의가 결핍되어 있었다. 모세의 율법이 이스라엘 사람들이 의롭게 되도록 돕지 못했기 때문에, 하나님은 요한이라는 사람을 보내시어 새로운 시작을 가지셨다. 요한은 모세와 달랐다. 모세는 문화와 교육으로 충만한 사람이었지만, 요한은 문화를 따르지 않았고 교육을 받지도 않은 사람이었다. 그는 야생에서 난 음식을 먹었고 거친 옷을 입었다. 그러한 사람이 하나님에 의해 보내져 신약의 복음을 가장 먼저 전파했다. 그는 사람들에게 모든 불의를 회개하라고 전파했다. 아무도 의롭지 못했으므로, 모든 사람들이 회개해야 했다. 그들이 회개했을 때 요한은 그들에게 침례를 주었으며, 이는 그들이 죽고 장사되기에만 합당했음을 가리킨다. 이렇게 장사된 후에 그들은 요한 뒤에 오실 그분께 이끌렸다. 그분은 그들을 그 영 안으로 장사하시어 그들에게 새 생명을 주실 분이셨다.

*그분의 육체에 따르면
그분이 죽고 장사되기에만 적합함을 인정하심*

주 예수님은 육체(그분의 인성—요 1:14, 롬 1:3, 8:3)에 따르면 자신이 죽고 장사되기에만 적합함을 인정하셨다. 예수님은 육체가 되셨고 그 육체는 하나님께서 보실 때 죽고 장사되기에만 적합했으므로, 그분은 침례 받으실 필요가 있었다. 침례로 그러한 죽은 이를 장사하는 것은 의의 길이며, 율례와 규례들을 지닌 율법의 길이 아니다.

아버지 하나님의 기름부음에 의해

그리스도의 사역은 침례와 아버지 하나님의 기름부음에 의해 시작되었다(마 3:16하-17). 하늘이 열린 것은 그분의 침례의 의미가 하늘에 의해 받아들여지고 확정되었음을 가리킨다. 아버지께서 그분의 영을 그리스도 위에 내려보내신 것은 삼일 하나님께서 그분의 사역의 근원과 공급과 능력과 권위로서 그분과 하나이신 것을 가리킨다. 아버지 하나님께서 그리스도께 기름을 부으신 것은 거룩한 영(그분의 신성—롬 1:4)에 따르면 그리스도께서 하나님의 아들 곧 아버지께서 사랑하시는 아들이시자 아버지의 기쁨이신 아들이심을 온 우주에, 특별히 천사들에게 선포하신 것이다.

육체 안에서 그리스도는 죽고 장사되기에만 적합하셨다. 그러나 그분께 기름을 부으심으로써 아버지는 다른 근원, 즉 거룩한 영의 근원인 그분의 신성에 따라 무언가를 선포하셨다. 아버지는 요한에게 침례 받으시고 물 가운데 서 계신 이분께 두 근원, 곧 육체의 근원인 그분의 인성과 거룩한 영의 근원인 그분의 신성이 있음을 선포하셨다. 그분의 인성에 따르면 그분은 육체 안에 있었고, 육체는 죽고 장사되기에만 적합했다. 그러나 그분의 신성에 따르면 그분은 하나님의 아들이셨다. 구약에서는 때로 천사들이 하나님의 아들들이라 불렸다. 욥기 1장은 하나님께서 그분의 천사들과 회의를 가지신 것에 관해 언급하는데, 거기서 천사들이 하나님의 아들들로 언급된다(6절). 그러나 그리스도는 하나님의 천사가 아니시다. 그분은 신성한 근원인 신성에 속하신다. 하나님은 그분께 기름을 부으셨고, 특별히 천사들에게 그분의 신성에 따라 그분이 하나님의 아들이심을 선포하셨다.

아버지의 기름부음은 그분의 선택하심에 근거하며(마 12:17-19), 그리스도께서 의를 사랑하신 것과 불법을 미워하신 것에 기인한다(히 1:9). 하나님께서 의의 길을 가져오셨기 때문에 사람이신 그리스도는 불법을 미워하셨고 의를 사랑하셨다. 이 때문에 하나님은 특별히 그분께 기름을 부으셨다.

그분께서 받으신 유혹들

그분의 사역의 초기에

하나님의 성령의 인도 아래

사역의 초기에 주님은 하나님-사람으로 사역을 맡으시기 전에 하나님의 성령의 인도 아래 하나님에 의해 안배된 유혹을 통과하심으로 시험받으셨다(마 4:1-11). 그리스도께서 성령의 인도 아래 그리고 하나님의 안배 아래 마귀에 의해 유혹받으셨다는 것을 본 사람은 많지 않다. 기름부음 받으신 이분은 사역을 맡으시기 전에 악한 자에 의해 시험받으셔야 했다.

마귀의 유혹

하나님의 아들로 자신을 드러내도록
하나님-사람을 유혹함

마귀는 하나님-사람께서 기름부음 받으실 때 그분이 하나님께서 사랑하시는 아들이라고 말씀하신 아버지 하나님의 말씀을 근거로 그분을 유혹하여, 그분께 스스로를 높이고 스스로를 영광스럽게 하여 그분이 하나님의 아들임을 드러내고 그분의 배고픔을 해결하기 위해 돌들에게 명령하여 떡덩이가 되게 하는 기적을 행하라고 말했다. 그러나 하나님-사람은 자신을 드러내지 않으심으로써, 또한 떡에 관심하지 않으시고 하나님의 모든 말씀에 관심하심으로써 마귀를 패배시키셨다(마 4:3-4). 만약 우리 중 누군가가 주님의 위치에 있었다면, 아마 "나는 하나님의 아들이다."라고 선포했을 것이며, 이어서 돌들에게 명령하여 떡덩이가 되게 함으로 그 말을 입증하려고 했을 것이다. 그러나 예수 그리스도는 마귀의 유혹을 받아들이지 않으셨다. 그분은 하나님의 아들이셨지만 그것을 드러내실 필요가 없으셨다. 그분은 사람의 위치를 취하셨는데, 이 사람은 떡뿐만 아니라 하나님의 모든 말씀으로 산다. 그분은 오직 하나님의 권익에만 관심하셨고 자신의 필요에는 관심하지 않으셨다. 이것이 마귀의 유혹의 첫 번째 부분에 대한 내재적인 의미이다.

성전 꼭대기에서 뛰어내리도록
하나님-사람을 유혹함

또다시 마귀는 하나님-사람이 아버지께서 사랑하시는 아들이라는 아버지 하나님의 말씀에 근거하여, 성전 꼭대기에서 뛰어내리도록 하나님-사람을 유혹하였다. 마귀는 하나님께서 천사들에게 명령하시어 그분을 떠받치실 것이라고 말했다. 그러나 하나님-사람은 마귀에게 '주 그대의 하나님을 시험해서는 안 된다'고 성경에 기록되어 있다고 말씀하심으로써 그를 이기셨다(마 4:5-7). 마귀는 또다시 주님께 기적을 행하고 자신을 높이며 영광스럽게 하라고 유혹했다. 그러나 하나님-사람은 사람으로서 '주 그대의 하나님을 시험해서는 안 된다'고 말씀하심으로써 그를 이기셨다. 그분은 사람의 위치에 서 계셨으며, 자신이 하나님의 아들임을 드러내는 그 어떤 것도 하기를 원치 않으셨다.

주님의 회복 안에서 혹은 사역 안에서 젊은 사람들은 항상 무언가 놀라운 일을 행하고자 한다. 우리는 새로운 장소에 가서 많은 사람들을 모아 놓고 복음 집회를 하여 많은 기적으로 사람들을 구원받게 하려는 갈망을 갖고 있을 수 있다. 그러나 이것은 자신을 높이며 영광스럽게 하려는 유혹임을 깨달을 필요가 있다. 종교 안에서 자신을 높이기 위해 무언가 기적적인 것을 행하려는 모든 생각은 마귀의 유혹이다. 주 예수님은 "그날에 많은 사람이 나에게 '주님, 주님! 우리가 주님의 이름으로 예언하였으며, 주님의 이름으로 귀신들을 쫓아냈으며, 주님의 이름으로 많은 능력의 일을 행하지 않았습니까?'라고 할 것이지만, 그때에 내가 그들에게 선언할 것입니다. '나는 여러분을 도무지 알지 못합니다. 불법을 행하는 사람들이여, 나에게서 떠나가십시오.' "(마 7:22-23)라고 말씀하셨다.

세상 나라들과 그 영광으로
하나님-사람을 유혹함

마귀는 하나님-사람을 매우 높은 산으로 데리고 가서, 세상의 모든 나라와 그 영광을 보여 주며 "그대가 엎드려 나에게 경배하면, 이 모든 것을 그대에게 주겠소."라고 말했다. 그러나 하나님-사람은 세상에 속한 나라들과 그 영광을 사랑하지 않으심으로써, 또한 마귀에게 "사탄아, 물러가거라! 성경에 '주 그대의 하나님께 경배하고, 오직 그분만을 섬겨야 합니다.'라고 기록되어 있다."라고 말씀하심으로써 마귀를 정복하셨다(마 4:8-10). 주님은 사람의 위치에 서시어 오직 하나님만을 경배하고 섬기심으로써 마귀를 패배시키셨다.

그 영의 인도 아래
마귀의 유혹을 받도록 이끌리심

하나님의 영의 인도 아래 첫 번째 하나님-사람은 마귀의 유혹을 받도록 이끌리셨는데, 이것은 그분께 시험이었다. 하나님의 원수인 마귀에게 그 유혹은 하나의 유혹이었지만 하나님께는 하나의 시험이었다. 그 시험은 하나님의 영원한 경륜의 성취에 대한 사탄과 하나님 사이의 전쟁이 되었다. 사탄은 하나님께서 사람에 의해, 그 육체 안에서 곧 그가 독을 주입하고 황폐하게 한 그 인성 안에서 자신을 멸망시키고자 하시는 것을 알았으므로, 첫 번째 하나님-사람을 유혹하여 그분의 인성의 위치를 떠나 하나님의 아들의 위치를 취하시게 하려는 계략을 꾸몄다. 이를 아신 첫 번째 하나님-사람은 '사람'(마 4:4)이라고 말씀하심으로써, 곧 사람으로서의 그분의 위치를 견고히 붙잡으심으로써 맞서 싸우셨다. 이것은 사탄의 간교한 책략을 패배시켰다. 더 나아가 하나님-사람은 두 번째와 세 번째로 사탄과 맞서 싸우실 때, 성경에 '주 그대의 하나님을 시험해서는 안 된다'고 기록되어 있고, '주 그대의 하나님께 경배하고, 오직 그분만을 섬겨야 한다'고 기록되어 있다고 대답하셨다(마 4:7, 10). 이러한 대답은 그분께서 사람 곧 하나님의 피조물로서 하나님의 다른 피조물인 사탄을 처리하시며, 하나님의 영광을 위해 가장 확고하게 하나님의 편에 서시겠다는 것을 분명하게 강조하시는 것이었다. 하나님은 사탄의 창조주로서 그를 직접 처리하지 않으신다. 대신에 다른 피조물인 사람에 의해 그를 처리하신다. 사탄은 그분을 유혹하여 사람이신 그분의 위치를 떠나시게 하려고 최선을 다했다. 그러나 주 예수님은 하나님을 영광스럽게 하고 하나님의 경륜을 성취하시기 위해 사람의 위치에 견고하게 서 계셨다.

그분께 하나님의 기름부음을 받으신 분, 메시아,
그리스도가 되실 자격을 부여함

하나님-사람께서 유혹하는 자의 첫 번째 유혹을 물리치신 것은 그분께서 하나님의 시험을 통과하신 것과 같은 의미이다. 이것은 이스라엘 가운데서는 하나님의 기름부음을 받으신 분 곧 메시아가 되실 자격을, 그리스도인들 가운데서는 하나님의 경륜을 위한 그리스도가 되실 자격을 그분께 부여했다.

사탄이 전쟁에서 짐

이 첫 전쟁에서 사탄의 의도는 하나님의 경륜을 위해 하나님께 기름부음을 받으신 분을 패배시키려는 것이었다. 그러나 사탄은 전쟁에서 졌으며, 하나님의 천사들 앞에서 부끄러움을 당한 채 전쟁터를 떠났다(마 4:11상).

첫 번째 하나님-사람은
하나님의 영광을 위해 전쟁에서 이기심

하나님의 경륜을 위한 이 첫 전쟁에서, 첫 번째 하나님-사람은 하나님의 영광을 위해 이기셨다. 하나님의 천사들은 승리에 차서 나아왔고, 사십 일 동안의 금식으로 인한 하나님-사람의 배고픔을 돌보면서 그분을 섬겼다(마 4:11하).

5
해설 (1)

A Word of Definition (1)

제5장 해설 (1)

개요

I. 의의 길.

성경:
마 21:32 "요한이 여러분에게 의의 길로 왔지만"

A. 구약의 율법 시대는 첫 번째 하나님-사람의 사역이 시작될 때 종결되었다.

1. 구약 시대의 율법은 사람이 하나님의 율법에 따라 하나님께 의롭게 될 수 있도록 율법에 따라 선을 행하라고 명령했다(레 18:5). 그러나 사람들은 그들 자신의 의를 세우려고 힘썼을 뿐 하나님의 의에 복종하지 않았다 — 롬 10:3, 5.
2. 율법의 결과로 사람이 의로우신 하나님 앞에 죄가 가득하다는 것이 폭로되었고(롬 4:15, 5:20, 갈 3:19), 육체에 속한 사람은 하나님께 의롭다 함을 받을 수 없었다(롬 3:20).

B. 신약 시대, 은혜 시대 곧 예수 그리스도의 복음의 시대는 침례자 요한의 전파에서 시작되었다 — 막 1:1-4.

1. 요한은 의의 길로 와서 "회개하십시오. 천국이 가까이 왔습니다."라고 전파했다 — 마 3:2.
2. 요한은 사람들에게 천국 때문에 회개하라고 명령했다. 하나님의 왕국은 의의 왕국이며(롬 14:17), 천국은 특별히 의에 근거한다(마 5:20). 이 의가 하나님의 보좌의 기초이다(시 89:14).
3. 사람들이 요한의 전파를 받아들여 그에게 회개하러 왔을 때, 그는 즉시 그들을 물속에 넣어 침례 주어 그들을 장사 지냈다. 이것은 그들이 선한 것이 없는 육체(롬 7:18)에서 난 사람이라는 것과, 오직 죽고 장사되기에만 합당하다는 것을 가리킨다.
4. 요한의 사역에 이어, 예수 그리스도께서 오셔서 이 사람들을 그 영 안에 침례 주셨고 부활 안에서 그들을 하나님께 연결하셨으며, 하나님은 그들을 그분의 의에 따라 의롭다 하심으로 구원하셨다 — 롬 1:17, 3:21-25, 고전 1:30.
5. 그뿐 아니라, 그리스도는 이렇게 회개한 사람들을 위해 법리적으로 죽으신 후, 그들 안에 사시기 위해 부활하셨다. 이것은 그들이 그리스도의 생명에 의해 하나님께 의롭다 함을 받는 의로운 생활을 항상 하게 하려는 것이었다 — 롬 4:25.
6. 이 모든 사람은 '의인들'이라고 불리며 장차 올 왕국에서 해처럼 빛날 것이다(마 13:43). 그리고 그들의 의는 새 하늘들과 새 땅에 영원히 거할 것이다(벧후 3:13).
7. 그러므로 요한의 전파와 실행에 따른 회개와 침례는 하나님의 영원한 경륜의 의로운 요구들에 근거해 하나님께서 정하신 것이다. 그러므로 이것은 영원의 문제로서 하나님의 의(마 3:15)를 이루는 것이다.

Ⅱ. 예수님께서 받으신 침례의 합당하고도 의로운 근거.

성경:
마 3:13-15 "그때에 예수님께서 요한에게 침례 받으시려고 갈릴리에서 요단강으로 오시자, 요한이 말리며 '내가 주님께 침례 받아야 하는데, 주님께서 나에게 오십니까?'라고 하니, 예수님께서 '이제 허락하십시오. 우리가 이와 같이 하여 모든 의를 이루는 것이 합당합니다.'라고 하시자, 요한이 허락하였다."

A. 예수님께서 침례 받으셔야 하는 근거는 그분께서 자신을 그분의 인성에 따라 한 사람, 특별히 육체 안의(요 1:14) 이스라엘 사람으로 여기셨기 때문이다. 그분은 단지 '죄의 육체의 모양으로'(롬 8:3) 계셨고 '죄는 없으셨지만'(히 4:15), 선한 것이 없으며 오직 죽고 장사되기에만 적합한 '육체 안에' 계셨다.

B. 이 사실에 근거하여, 그분은 하나님을 위한 그분의 사역이 시작될 때 침례자 요한에게 기꺼이 침례 받으셨다. 이것은 인성에 따르면 그분께서 하나님의 종이 되시기에 어떤 자격도 없는 분이셨음을 인정하신 것이다.

C. 육체 안의 사람으로서 그분은 죽음의 물속에 장사된 죽은 사람이 될 필요가 있으셨는데, 이것은 하나님의 의에 따라 하나님의 신약의 요구를 이루기 위한 것이었다. 그분은 기꺼이 그렇게 하셨으며 이를 하나님의 의를 이루는 것으로 여기셨다. 그러한 근거는 분명 합당하고 의롭다.

이 장에서 우리는 의의 길과 예수님께서 받으신 침례의 합당하고도 의로운 근거를 해설하고자 한다. 젊었을 때 나는 주 예수님께서 죄인이 아니신데도 왜 침례를 받으셔야 했는지 궁금했다. 내 안에는 약 칠십 년 동안 이러한 의문이 있었다. 나는 이 장의 개요를 쓸 때에야 그 해답을 발견했다.

또한 나는 첫 번째 하나님-사람의 생활을 연구하는 것이 사실상 그분께서 겪으신 모든 유혹을 연구하는 것임을 지적하고 싶다. 사복음서는 그분께서 유혹을 받으신 기록이다. 그분은 마귀 사탄, 바리새인들, 사두개인들, 헤롯당원들에게 유혹과 시험을 받으셨다. 심지어 주님의 육신의 형제들도 그분을 시험했다. 그분께서 어디로 가시든 누구를 만나시든 거기에 유혹이 있었다. 그리스도인이 되는 것은 어떤 의미에서 쉬운 일이 아니다. 왜냐하면 하나님과 우리에게 반대자 곧 사탄이 있기 때문이다.

하나님께서 왜 사탄이 마음대로 움직이는 것을 허락하셨는지 이해하기는 쉽지 않다. 이사야서 14장에 따르면 하나님은 사탄을 심판하셨다(12-15절). 또한 히브리서 2장 14절에 따르면 그리스도는 십자가에서 사탄을 멸망시키셨다. 하나님은 엄격한 판결로 사탄을 유죄판결 하셨고, 그리스도는 그를 멸망시키셨다. 그런데 오늘 왜 그는 여전히 자유로운가? 또 다른 질문을 제시함으로 이것에 답하려고 한다. 사탄이 없다면 어떻게 하나님께서 우리를 시험하실 수 있겠는가? 사탄은 심지어 하나님을 시험했고, 하나님은 사탄을 불러들이시기까지 하여 그분을 시험하게 하셨다. 그분은 사탄에게 "나의 종 욥에 대하여 잘 살펴보았느냐?"(욥 1:8)라고 말씀하셨다. 사탄이 주님께 요구하자, 그분은 다음과 같이 말씀하시며 그가 욥을 시험하는 것을 허락하셨다. "이제 그가 가진 모든 것이 네 손에 있다. 단, 네 손을 뻗어 그를 해치지는 마라."(욥 1:12)

그 후 욥은 거의 아무도 견딜 수 없는 시험의 때를 통과했다. 하나님의 경륜 안에서 하나님은 그분의 원수인 시험하는 자를 안배하셨다. 이 원수는 하나님에 의해 창조된 그룹이었고 임명된 자였으며, 심지어 하나님께 기름부음 받은 자였다.

의의 길

마태복음 21장 32절은 "요한이 여러분에게 의의 길로 왔지만"이라고 말한다. 구약에서 모세는 유죄판결의 길로 왔다. 고린도후서 3장은 구약의 사역이 유죄판결을 내리는 사역이고 신약의 사역이 의의 사역이라는 것을 분명히 말한다(9절). 신약 전체는 의의 문제이다. 침례자 요한은 구약에 속하지 않는다. 어떤 사람들은 요한이 구약에도 신약에도 속하지 않는 과도기적인 사람이었다고 말한다. 그러나 그렇지 않다. 마가복음 1장은 예수 그리스도의 복음이 침례자 요한으로부터 시작됨을 계시한다. 요한의 가르침은 하나님의 신약 경륜의 시작이었다.

구약의 율법 시대는
첫 번째 하나님-사람의 사역이 시작될 때 종결됨

율법에 따라 사람이 선을 행하도록 명령함

구약 시대의 율법은 사람이 하나님의 율법에 따라 하나님께 의롭게 될 수 있도록 율법에 따라 선을 행하라고 명령했다(레 18:5). 그러나 사람들은 그들 자신의 의를 세우려고 힘썼을 뿐 하나님의 의에 복종하지 않았다(롬 10:3, 5).

율법의 결과

율법의 결과로 사람이 의로우신 하나님 앞에 죄가 가득하다는 것이 폭로되었고(롬 4:15, 5:20, 갈 3:19), 육체에 속한 사람은 하나님께 의롭다 함을 받을 수 없었다(롬 3:20). 율법은 하나님의 백성들이 의롭게 되도록 도울 수 없다. 그 대신 율법은 그들을 드러낸다. 그 누구도 선을 행해서 하나님께 의롭게 될 수 없다. 반대로 모든 사람이 폭로되었다. 육체에 속한 사람은 하나님께 의롭다 함을 받을 수 없었다. 율법의 결과 즉 율법으로부터 나온 것은 율법이 기대했던 것과 전혀 달랐다.

신약 시대

신약 시대는 은혜 시대이며, 율법 시대인 구약 시대와는 다르다. 신약 전체는 은혜 시대 곧 예수 그리스도의 복음의 시대이다. 이 시대는 침례자 요한의 전파에서 시작되었다. 이것은 마가복음 1장 1절부터 4절까지로 입증된다. "하나님의 아들 예수 그리스도의 복음의 시작은 이러하다. 신언자 이사야의 글에 ''보아라, 내가 나의 전달자를 너의 면전에 보내니, 그가 너의 길을 예비할 것이다.'라고 여호와께서 말씀하셨습니다. 광야에서 외치는 사람의 음성이라. '주님의 길을 예비하여라. 그분의 작은 길들을 곧게 하여라.''라고 기록되어 있는 대로, 요한이 나아와서 광야에서 침례 주며, 죄들이 용서받을 수 있는 회개의 침례를 전파하니". 요한이 그의 복음을 전파하러 나온 것은 예수 그리스도의 복음의 시작으로 간주되었다.

요한은 의의 길로 옴

요한은 의의 길로 와서 "회개하십시오. 천국이 가까이 왔습니다."라고 전파했다(마 3:2). 모세의 율법의 사역 아래 있었던 이스라엘 사람들은 모두 불의를 행하고 있었으므로 회개할 필요가 있었다. 이사야서 1장에 있는 이스라엘 사회에 대한 기록은 그들이 얼마나 악한 사람들이 되었는지를 보여 준다. 이방 세계에서 볼 수 있던 악행들을 이스라엘 사회에서도 볼 수 있었다.

하나님의 왕국은 의의 왕국임

이스라엘 사람들에게는 의가 없었으므로 그들은 회개할 필요가 있었다. 요한은 사람들에게 천국 때문에 회개하라고 명령했다. 하나님의 왕국은 의의 왕국이며(롬 14:17), 천국은 특별히 의에 근거한다(마 5:20). 마태복음 5장 20절에서 주님은 "여러분의 의가 율법학자들과 바리새인들의 의보다 뛰어나지 않으면, 결코 천국에 들어가지 못할 것입니다."라고 말씀하셨다. 이 의가 하나님의 보좌의 기초이다(시 89:14).

육체에서 난 사람은 오직 죽고 장사되기에만 합당함

사람들이 요한의 전파를 받아들여 그에게 회개하러 왔을 때, 그는 즉시 그들을 물속에 넣어 침례 주어 그들을 장사 지냈다. 이것은 그들이 선한 것이 없는 육체(롬 7:18)에서 난 사람이라는 것과 오직 죽고 장사되기에만 합당하다는 것을 가리킨다. 사람들은 요한의 전파를 따라 회개하면 좋은 결과가 있으리라고 생각했을 것이다. 그러나 요한은 그들을 물속에 집어넣어 장사 지냈는데, 이것은 그들이 아무 쓸모가 없었음을 가리킨다. 나는 이것이 바리새인들과 사두개인들이 요한에게 오지 않은 이유라고 믿는다. 복음서들은 우리에게 세 부류의 제자들이 있었음을 보여 준다. 곧 침례자 요한의 무리, 바리새인 무리, 사두개인 무리가 있었다. 침례자 요한의 무리는 바리새인들과 사두개인들에게 참된 시험이었다. 그래서 그들 중 누구도 감히 요한에게 오려고 하지 않았다.

예수 그리스도의 복음의 시대인, 신약의 은혜 시대의 첫 번째 사상은 육체에 속한 타락한 사람은 오직 죽고 장사되기에만 합당하다는 것이다. 이것은 매우 중대한 문제이다. 안타깝게도 오늘날 기독교에 있는 많은 이는 복음을 전파할 때 사람들에게 잘못된 관념을 준다. 회개하라고 외치던 침례자 요한같이 복음을 전하는 사람들이 오늘날 우리에게 반드시 있어야 한다.

예수 그리스도는 사람들을 그 영 안에 침례 주심

요한의 사역에 이어, 예수 그리스도께서 오셔서 이 사람들을 그 영 안에 침례 주셨고 부활 안에서 그들을 하나님께 연결하셨으며, 하나님은 그들을 그분의 의에 따라 의롭다 하심으로 구원하셨다(롬 1:17, 3:21-25, 고전 1:30). 신약은 요한의 전파에서, 즉 육체에 속한 사람은 죽고 장사되기에만 적합하다는 사상에서 시작한다. 그러나 이것은 사복음서 전체의 사상은 아니다. 이것은 단지 시작일 뿐이다. 이 사상은 주 예수님께서 오셔서 다른 종류의 침례를 실행하신 것으로 이어진다. 그분은 사람들을 그 영 안에 침례 주시어 부활 안에서 하나님께 연결하셨다. 침례에는 물속으로 장사되는 실행이 있다. 그다음에는 물에서 올라오는 실행이 있는데 이것은 부활을 상징한다. 죽고 장사되는 것을 통해 우리는 끝난다. 그러나 그 후 부활이 있다. 부활 안에서 예수님은 우리를 하나님께 연결하신다. 이 사상은 죽고 장사되는 것보다 더 중대하다.

신약의 복음의 첫 번째 사상은 육체에 속한 모든 타락한 사람이 아무 쓸모가 없고 오직 죽고 장사되기에만 적합하다는 것이다. 두 번째 사상은 우리가 그것을 깨닫는다면 예수 그리스도께서 오셔서 우리를 살아 계신 하나님 안으로 침례 주시어 부활 안에서 하나님께 연결하신다는 것이다. 이것은 우리가 하나님의 의에 따라 의롭다 함을 받게 하여 우리를 구원한다. 침례 주시는 분이신 그리스도는 여러분을 하나님께 연결하시며, 의이신 하나님과 여러분을 하나 되게 하신다. 하나님은 오직 그분의 의에 의해서만 여러분을 의롭다 하신다.

로마서 1장 16절과 17절은 복음이 유대인과 이방인을 모두 구원할 수 있는 하나님의 능력이며, 이것은 하나님의 의가 이 복음에 계시되어 있기 때문이라고 말한다. 침례는 매우 능력이 있는데, 이는 예수님께서 침례 받는 사람들을 하나님께 연결하시며, 신격에서가 아닌 생명과 본성에서 하나님으로 만드시기 때문이다. 가난한 여자가 결혼을 통해 백만장자인 남편에게 연결될 때 그들은 하나가 된다. 그녀가 가난한 여자일지라도, 결혼 안에서 그들이 연결될 때 그녀는 백만장자가 된다. 우리가 침례를 받아 하나님께 연결될 때 이러한 일이 일어난다.

침례자 요한의 사역은 우리의 실지 상황을 처리하는 것이다. 육체에 속한 사람들인 우리는 오직 죽고 장사되기에만 합당하다. 그러나 침례를 주시는 또 다른 분이신 그리스도께서 오셔서 우리를 부활 안에서 하나님께 연결하셨다. 우리는 그리스도와 함께 부활했고 하나님과 하나가 되었다. 이제 우리는 그분께 연결된 '백만장자들'이다. 이것이 신약의 은혜의 복음의 두 번째 사상이다. 의로우신 하나님은 우리의 의이신 그분 자신을 우리에게 주셨으며, 이 의가 우리를 의롭게 하였다.

그들이 의로운 생활을 하도록 그들 안에 사심

그뿐 아니라, 그리스도는 이렇게 회개한 사람들을 위해 법리적으로 죽으신 후, 그들 안에 사시기 위해 부활하셨다. 이것은 그들이 그리스도의 생명에 의해 하나님께 의롭다 함을 받는 의로운 생활을 항상 하게 하려는 것이었다. 이것이 로마서 4장 25절에서 그분께서 우리를 의롭다 하시기 위해 살아나셨다고 말하는 이유이다. 우리에게 계신 구주는 죽어 계신 분이 아니시다. 우리에게는 살아 계신 구주가 계시며, 살아 계신 영이신 이분은 우리 안에 살고 계신다. 그분의 생명에 의해 항상 우리는 하나님께서 의롭다 하시는 생활을 한다. 이것이 하나님-사람의 생활이다.

의로운 분이신 하나님은 우리의 의이신 그분 자신을 우리에게 주셨다. 같은 원칙으로, 우리의 의이신 그리스도께서 우리에게 주어지셨다. 그리스도와 하나님은 하나이시다. 고린도전서 1장 30절은 우리에게 주어지신 그리스도께서 우리의 의이시라고 말한다. 그리스도 또한 그분 자신의 의로운 행동을 갖고 계신다. 로마서 5장 18절은 그리스도의 의로운 한 행동으로 말미암아 모든 사람이 생명을 얻도록 의롭게 되었다고 말한다. 십자가에서 죽으신 그분의 의로운 한 행동에 의하여 우리 모두는 의롭게 되었다. 그리스도는 그분 자신의 의를 갖고 계시며, 그 의는 그분께 우리의 구주가 될 자격을 가지시게 한다.

어떤 사람들은 그리스도 개인의 의로운 행동과 인격이신 그리스도 자신을 혼동하는 실수를 범한다. 우리는 찬송가를 편집할 때, 찬송 안에 있는 그와 같은 모든 실수를 바로잡았다. 친첸도르프(Zinzendorf)가 작사한 찬송가 237장은 "예수 당신의 피와 의 / 나의 아름다움 나의 영광의 옷"이라고 말한다. 우리는 이것을 "그리스도는 나의 의 / 아름다움 내 눈부신 옷"이라고 바로잡았다. 인격이신 그리스도께서 우리의 의이시다.

'의인들'은 장차 올 왕국에서 해처럼 빛날 것임

회개한 사람들은 '의인들'이라고 불리며 장차 올 왕국에서 해처럼 빛날 것이다(마 13:43). 그리고 그들의 의는 새 하늘들과 새 땅에 영원히 거할 것이다(벧후 3:13). 의인들은 마태복음 10장 41절과 누가복음 14장 14절에도 언급되었다. 의의 길은 베드로후서 2장 21절에 언급된다. 누가복음 14장 14절은 의인들의 부활에 관해 말한다. 베드로후서 2장 21절은 의의 길을 안 뒤에 하나님을 떠나 버린 거역하는 자들에 관해 말한다. 신약의 은혜 시대는 하나님-사람의 생활을 산출하는 것이며, 하나님-사람의 생활은 의의 생활이다.

회개하며 침례 받음으로 하나님의 의를 이룸

그러므로 요한의 전파와 실행에 따른 회개와 침례는 하나님의 영원한 경륜의 의로운 요구들에 근거해 하나님께서 정하신 것이다. 그러므로 이것은 영원의 문제로서 하나님의 의(마 3:15)를 이루는 것이다. 침례 받는 것은 하나님의 신약의 규례를 지키는 것이고, 하나님의 평가에 따라 우리 자신을 인식하는 것이며, 하나님의 의를 이루는 것이다.

예수님께서 받으신 침례의 합당하고도 의로운 근거

마태복음 3장 13절부터 15절까지는 예수님께서 받으신 침례의 합당하고도 의로운 근거를 계시한다. "그때에 예수님께서 요한에게 침례 받으시려고 갈릴리에서 요단강으로 오시자, 요한이 말리며 '내가 주님께 침례 받아야 하는데, 주님께서 나에게 오십니까?'라고 하니, 예수님께서 '이제 허락하십시오. 우리가 이와 같이 하여 모든 의를 이루는 것이 합당합니다.'라고 하시자, 요한이 허락하였다."

예수님께서 침례 받으셔야 하는 근거

예수님께서 침례 받으셔야 하는 근거는 그분께서 자신을 그분의 인성에 따라 한 사람, 특별히 육체 안의(요 1:14) 이스라엘 사람으로 여기셨기 때문이다. 그분은 단지 '죄의 육체의 모양으로'(롬 8:3) 계셨고 '죄는 없으셨지만'(히 4:15), 선한 것이 없으며 오직 죽고 장사되기에만 합당한 '육체 안에' 계셨다. 하나님의 말씀이신 그리스도는 육체가 되셨는데, 이 '육체'라는 말은 부정적인 용어이다. 물론 로마서 8장 3절이 그분께서 다만 죄의 육체의 모양으로 계셨다고 말하지만, 그렇다 해도 그분은 육체 안에 계셨던 것이다. 이것이 인성 안에서 그분께서 서 계신 위치였다. 침례자 요한이 나와서 육체 안에 있는 사람들에게 회개를 전파했다. 예수님은 자신이 육체 안에 계심을 인정하셨다. 그분께서 소유하신 것 중 육체에 속한 것은 어떤 것이든 죽고 장사되기에만 적합했다. 그분은 그러한 입장 위에 서 계셨고, 그러한 입장이 그분께서 침례 받으셔야 하는 근거가 되었다.

침례자 요한에게 기꺼이 침례 받으심

이 사실에 근거하여, 그분은 하나님을 위한 그분의 사역이 시작될 때 침례자 요한에게 기꺼이 침례 받으셨다. 이것은 인성에 따르면 그분께서 하나님의 종이 되시기에 어떤 자격도 없는 분이셨음을 인정하신 것이다. 그분은 그분의 실제 상황에 따른 입장을 취하셨다. 그분의 실제 상황은 바로 그분께서 육체에 속한 사람이시라는 것이었다.

죽은 사람이 될 필요성

육체 안의 사람으로서 그분은 죽음의 물속에 장사된 죽은 사람이 될 필요가 있으셨는데, 이것은 하나님의 의에 따라 하나님의 신약의 요구를 이루기 위한 것이었다. 그분은 기꺼이 그렇게 하셨으며 이를 하나님의 의를 이루는 것으로 여기셨다. 그러한 근거는 분명 합당하고 의롭다.

6
해설
(2)

A Word of Definition (2)

제6장
해설
(2)

개요

Ⅲ. 마귀가 첫 번째 하나님-사람이신 그분을 유혹하기 위해 사용한 첫 번째 계략은 사람이라는 그분의 인간 신분을 무시하도록 만드는 것이었다 — 마 4:3-4.

A. 하나님은 첫 번째 하나님-사람에게 기름 부으셨을 때 그분이 하나님의 사랑하는 아들이심을 선포하셨다 — 마 3:17.

B. 하나님께서 첫 번째 하나님-사람이 하나님의 사랑하는 아들이심을 선포하신 것에 근거하여 마귀는 첫 번째 계략, 즉 그분이 사람이신 것을 무시하도록 유혹하는 계략을 사용하였다.

C. 그러나 첫 번째 하나님-사람은 그분의 사람의 위치에 견고히 서시어 그에게 "사람이 … 살 것이 아니라"라고 대답하심으로 그분이 사람이시라는 사실을 분명히 나타내심으로써 유혹하는 자를 패배시키셨다 — 마 4:4.

Ⅳ. 마귀가 첫 번째 하나님-사람이신 그분을 유혹하기 위해 사용한

두 번째 계략은 하나님의 아들이라는 그분의 신성을 취하게 하는 것이었다 — 마 4:5-7.

A. 이것 역시 하나님께서 첫 번째 하나님-사람에 관해 선포하신 사실에 근거한다.

B. 마귀는 두 번째 계략을 사용하여, 첫 번째 하나님-사람께서 천사들에게 보호받는 기적을 행하시게 함으로써 그분의 신성을 취하시도록 유혹하였다.

C. 그러나 첫 번째 하나님-사람은 "주 그대의 하나님을 시험해서는 안 됩니다."라고 말씀하심으로, 간교하게 유혹하는 자를 이기셨다. 이것은 그분께서 하나님 앞에서, 그분의 하나님이신 주님을 시험해서는 안 되는 한 사람이셨음을 강하게 암시한다.

D. 하나님은 그분의 영원한 경륜 안에서 그분의 피조물 중의 하나인 사람을 얻으셔서, 이 사람이 또 다른 피조물인 그분의 원수 사탄을 처리하기를 원하셨다. 그러나 원수는 첫 번째 하나님-사람께서 모든 것의 창조주이신 그분의 신성을 취하시도록 유혹했다. 이런 간교한 방식으로, 사탄은 창조주이신 하나님의 수준과 피조물인 사탄 자신의 수준을 뒤섞었다.

V. **마귀가 첫 번째 하나님-사람이신 그분을 유혹하기 위해 사용한 세 번째 계략은 세상 왕국의 영광을 사랑하고 마귀를 하나님으로 경배하며 마귀의 수하가 되어 그를 섬기게 하려는 것이었다 — 마 4:8-11, 눅 4:5-8.**

A. 아담 이전 시대에서 하나님은 천사장을 아담 이전 시대의 머리로 임명하셨고(겔 28:13-14), 땅의 왕국들의 권위와 영광을 그에게 주셨다. 그는 하나님께 반역한 후에 하나님의 원수 사탄이 되었고 그분의 심판을 받았다(사 14:12-15). 그러나 그에 대한 하나님의 심판은 천년왕국이 끝나기 전까지 완전히 집행되지 않을 것이다(계 20:7-10). 따라서 그때까지 그에게는 땅의 왕국들에 대한 권위가 있다.

B. 마귀는 주님을 간교하게 유혹하면서 땅에 속한 왕국과 그 영광을 첫 번째 하나님-사람께 미끼로 제안하여, 마귀를 하나님으로 경배하게 하고 마귀의 수하가 되어 그를 섬기게 하고자 했다.

C. 첫 번째 하나님 사람은 유혹하는 악한 자의 마귀적인 책략을 꿰뚫어 보셨다. 또한 마귀를 쫓아내심으로써, 그리고 그분께서 하나님 앞에 있는 사람으로서 하나님께 경배하고 그분만을 섬길 것이라고 그를 부끄럽게 하는 말씀을 하심으로써 그를 정복하셨다.

앞의 장에서 우리는 의의 길과 예수님께서 받으신 침례의 합당하고도 의로운 근거에 대한 해설을 보았다. 예수님은 침례자 요한에게 침례를 받으셨으며, 그분 자신이 육체 안의 한 사람이라는 인식의 근거 위에서 계셨다. 물론 예수님은 죄가 없으시다. 로마서 8장 3절은 그분께서 죄의 육체의 모양으로 계셨다고 말하지만, 그렇다 해도 그분은 육체 안에 계셨던 것이다. 하나님께서 보시기에 이 육체는 전적으로 유죄판결받았고, 거절당했으며, 오직 죽고 장사되기에만 합당했다. 예수님은 이러한 근거 위에 서 계셨으며 요한에게 침례를 받으셨다.

주 예수님은 그분의 사역을 위해 무언가를 하시기 전에 가장 먼저 요한에게 나아와 침례를 받으셨다. 이것은 그분께서 하나님의 사역을 하는 데에 육체를 조금도 의지하지 않으신다는 것을 온 우주에 선포하신 것이다. 우리 모두는 이것을 보아야 한다. 그 누구도 자신의 타고난 생명과 자신의 육체에 속한 것을 하나님의 사역 안으로 가져와서는 안 된다. 특별히 동역자들과 장로들은 육체 안에 있는 타고난 사람으로서의 우리가 어떤 쓸모도 없으며 오직 죽고 장사되기에만 적합함을 깨달아야 한다. 우리는 침례의 물속에서 자신을 철저하게 끝내야 한다. 이것이 예수님께서 받으신 침례의 근거에 대한 내재적인 의미이다. 영적으로 말해서 나는 모든 전시간 훈련생이 그러한 침례를 받았기를 바란다. 우리 모두는 우리의 생활과 일에서 이렇게 선포해야 한다. "나는 육체 안에 있는 사람이다. 나는 하나님께서 보시기에 아무 쓸모가 없으며 오직 죽고 장사되기에만 합당하다. 그러므로 나 자신은 끝나고 십자가에 못 박히고 장사되기를 원한다."

이 장에서 우리는 계속하여 첫 번째 하나님-사람에 대한 원수의 세 가지 유혹을 다루는 세 가지 설명을 볼 것이다.

마귀가 첫 번째 하나님-사람이신 그분을 유혹하기 위해 사용한 첫 번째 계략은 사람이라는 그분의 인간 신분을 무시하도록 만드는 것이었음

예수님은 사십 일 동안 금식하도록 이끌리셨다. 사십 일 후에 그분은 배고프셨다. 그때, 유혹하는 자인 사탄이 "그대가 하나님의 아들이라면, 이 돌들이 떡덩이가 되도록 말해 보시오."(마 4:3)라고 말했다. 이것은 사탄이 예수님께 "하나님은 그대를 임명하셨고 그대가 침례의 물 가운데 서 있었을 때 하나님의 아들, 그분의 사랑하는 아들이라고 선포하셨소. 그대가 하나님의 그러한 아들이라면 이 돌들에게 명하여 떡덩이가 되도록 해 보시오."라고 말하는 것 같았다.

만일 우리였다면 그 시험에서 패배했을 것이라고 나는 생각한다. 우리는 모든 사람이 우리가 하나님의 아들임을 볼 수 있도록 기적을 행했을 것이다. 그러나 주님께서 이렇게 행하셨다면 그것은 그분께서 받으신 침례의 근거에 어긋났을 것이다. 그분은 광야에 오셨고 하나님의 아들로서가 아닌 한 사람으로서 시험받으셨다. 하나님의 아들은 바로 하나님 자신이시다. 누가 하나님을 시험할 수 있는가? 예수님은 광야에 한 사람으로서 계셨다. 하나님으로서 그분께서 배고프실 수 있는가? 하나님께는 배고픔이 없다. 그러나 한 사람으로서 예수님은 배가 고프셨다. 사탄의 계략은 예수님을 시험하여 사람으로서의 그분의 입장을 무시하고 하나님의 아들의 위치를 취하도록 유혹하는 것이었다. 그러므로 주님은 그에게 "성경에 '사람이 떡으로만 살 것이 아니라, 하나님의 입에서 나오는 모든 말씀으로 살아야 합니다.'라고 기록되어 있다."(마 4:4)라고 대답하셨다. 그분은 사람으로서의 그분의 입장에서 원수를 패배시키셨다.

하나님은 첫 번째 하나님-사람에게 기름 부으셨을 때 그분이 하나님의 사랑하는 아들이심을 선포하셨다(마 3:17). 하나님께서 첫 번째 하나님-사람이 하나님의 사랑하는 아들이심을 선포하신 것에 근거하여 마귀는 첫 번째 계략, 즉 첫 번째 하나님-사람께서 자신이 사람이신 것을 무시하도록 유혹하는 계략을 사용하였다. 그러나 첫 번째 하나님-사람은 그분의 사람의 위치에 견고히 서시어 그에게 "사람이 … 살 것이 아니라"라고 대답하심으로 그분이 사람이시라는 사실을 분명히 나타내심으로써 유혹하는 자를 패배시키셨다.

이제 우리는 마귀의 첫 번째 계략을 우리 자신의 상황에 적용하는 것을 고려할 필요가 있다. 어떤 동역자들은 어느 곳을 방문할 때, 그곳에 있는 장로들이 자신들을 회복 안의 최고의 동역자들로 환대하며 메시지를 전해 달라고 요청하기를 기대할지 모른다. 그러한 상황 가운데서 우리는 어떻게 할 것인가? 우리는 이러한 제안을 받아들일 것인가 아니면 우리가 육체 안의 사람이라는 근거 위에 설 것인가? 우리는 자신이 아무 쓸모가 없고 오직 죽고 장사되기에만 합당하다는 태도를 가져야 한다. 우리가 말할 기회를 얻어 성공적으로 말씀을 전했다고 하자. 그때 우리는 "저는 하나님의 참된 아들입니다."라고 선포할지 모른다. 이것이 우리가 서야 할 곳인가? 우리는 마땅히 우리 자신이 육체 안의 사람이라는 근거 위에 서야 한다. 하나님께서 보시기에, 우리가 가진 것은 죽고 장사되기에만 합당할 뿐 아무런 가치가 없다.

전시간 훈련생들은 이 년의 훈련을 통과한 후에 각자의 지방으로 돌아갈 때 자신들이 특별하다고 느낄 수 있다. 그들은 모든 지체가 그들을 환영하기 위해 행렬을 지어 나오기를 기대할 수도 있다. 심지어 장로들도 너무 천연적이기 때문에 그런 식으로 느낄지 모른다. 그들은 훈련생이 돌아왔다고 집회에서 광고하고 그에게 메시지를 전해 달라고 부탁할 것이다. 돌아온 훈련생은 이것이 자신이 하나님의 아들임을 보여 줄 절호의 기회라고 느낄지도 모른다. 원칙상 이것은 돌들을 떡덩이가 되게 해 보라고 사탄이 주님을 유혹한 것과 같다.

다른 면으로, 한 훈련생이 그의 지방에 돌아왔을 때 아무도 그에게 관심을 주지 않는다면 그는 실망하여 무엇을 해야 하고 어디로 가야 할지 모를 수 있다. 여러분은 어디로 가야 하는가? 물에 가서 죽고 거기서 장사되어야 한다. 그러한 유혹은 하나의 시험이다. 헬라어에서 '유혹'과 '시험'은 같은 단어이다. 하나님께는 시험이고 원수에게는 유혹이다. 원수의 유혹을 통과할 때, 우리는 하나님께서 우리를 입증하시기 위해 주신 시험을 통과한다. 원수의 첫 번째 계략은 우리의 합당한 위치를 무효화하는 것이고, 우리를 부추겨 높은 위치를 취하도록 하는 것이다. 어떤 자매들은 자신이 기도할 때보다 더 많은 '아멘'을 받는 다른 사람들을 질투하게 될지 모른다. 이것은 그들에게 또 다른 장사됨이 필요하다는 것을 가리킨다. 육체 안에서 우리 자신은 죽고 장사되기에만 합당하다는 것을 우리 모두가 깨달아야 한다.

마귀가 첫 번째 하나님-사람이신 그분을 유혹하기 위해 사용한 두 번째 계략은 하나님의 아들이라는 그분의 신성을 취하게 하는 것이었음

마귀는 첫 번째 계략 후에 다시 첫 번째 하나님-사람을 유혹하면서 방법을 조금 바꾸었다(마 4:5-7). 그는 예수님을 매우 높은 곳인 성전 꼭대기로 데려갔다. 유혹하는 자는 예수님께 와서 "그대가 하나님의 아들이라면, 뛰어내리시오. 성경에 '하나님께서 그대를 위해 자기 천사들에게 명령하시어, 그들의 손으로 그대를 떠받쳐 그대의 발이 돌에 부딪

치지 않게 하리라.'라고 기록되어 있소."(마 4:6)라고 말했다. 이것은 예수님을 부추겨 그분께서 하나님의 아들로서 기적적인 행동을 하실 수 있음을 과시하게 하려는 하나의 유혹이었다. 오순절주의 안에 만연한 이른바 병 고침은 보여 주기 위한 것이며 참된 것이 아니다. 우리는 주님께 매혹되고, 그분을 사랑하며 따름으로써 그분의 아름다움에 반응할지 모른다. 그러나 동시에 우리는 하나님의 아들이라는 이름을 갖기를 갈망하며, 하나님의 신성한 위치와 같은 지위를 얻고자 할지도 모른다. 이것이 우리의 어려움이다.

마귀의 두 번째 계략은 다시 한번 하나님께서 첫 번째 하나님-사람에 관해 선포하신 사실에 근거했다. 마귀는 그러한 근거 위에서 자신의 두 번째 계략을 실행했다. 첫 번째 계략은 주님을 유혹하여 기적을 행하시게 함으로써, 사람으로서의 그분의 위치를 무시하고 하나님의 아들로서의 신성한 위치를 취하시게 만들려는 것이었다. 이것이 통하지 않자, 마귀는 그분께서 천사들에게 보호받는 기적을 행하심으로써, 신성의 위치를 취하시어 그분의 능력과 권위를 전시하시게 하려 했다. 그러나 첫 번째 하나님-사람은 "주 그대의 하나님을 시험해서는 안 됩니다."(마 4:7)라고 말씀하심으로, 간교하게 유혹하는 자를 이기셨다. 이것은 그분께서 하나님 앞에서, 그분의 하나님이신 주님을 시험해서는 안 되는 한 사람이셨음을 강하게 암시한다. 시험하지 말라는 것은 유혹하지 말라는 의미이다. 첫 번째 하나님-사람이신 그분은 하나님께서 그분의 주님이심을 인정하시며 피조물의 입장 위에 서 계셨다. 그분은 "나는 나의 주님을 시험하지 않을 것이다. 그분은 나의 주님이시다."라고 선포하셨다. 시험받으시는 동안 주님은 적어도 세 가지 신분을 갖고 계셨다. 첫째, 그분은 사람이셨고, 둘째, 피조물이셨으며, 셋째, 하나님의 아들이셨다. 사람으로서 그분은 그분의 주님을 시험하실 수 없었다.

하나님은 그분의 영원한 경륜 안에서 그분의 피조물 중의 하나인 사람을 얻으셔서, 이 사람이 또 다른 피조물인 그분의 원수 사탄을 처리하기를 원하셨다. 그러나 원수는 첫 번째 하나님-사람께서 모든 것의 창조주이신 그분의 신성을 취하시도록 유혹했다. 이런 간교한 방식으로, 사탄은 창조주이신 하나님의 수준과 피조물인 사탄 자신의 수준을 뒤섞었다. 우리는 예수님께서 하나님의 피조물인 사람으로서, 창조주이신 주님을 시험하지 않겠다고 말씀하신 것에서 이 사실을 볼 수 있다. 오늘날 우리는 먼저 우리가 육체에서 난 아무 쓸모가 없는 사람임을 깨달아야 하고, 그다음으로 우리가 피조물임을 깨달아야 한다. 하나님은 피조물인 사탄을 처리하시기 위해 또 다른 피조물을 사용하기 원하신다. 여기서 우리는 하나님의 지혜를 볼 수 있다. 하나님은 결코 사탄을 직접 처리하지 않으신다. 히브리서 2장 14절에 따르면 주 예수님은 육체에 참여하심으로써 사탄을 멸망시키셨다. 그분은 그분의 육체 안에서 사탄을 멸망시키셨다. 창조주가 아닌 피조물로서 그리스도는 사탄을 멸망시키셨다. 그분은 사탄과 같은 수준인 피조물의 수준에서 사탄을 멸망시키셨다. 이렇게 하심으로 그분은 하나님의 위치, 곧 창조주로서의 유일한 위치를 높이셨다. 사탄의 방식은 자신을 창조주의 수준까지 높이는 것이었다.

마귀가 첫 번째 하나님-사람이신 그분을 유혹하기 위해 사용한 세 번째 계략은 세상 왕국의 영광을 사랑하고 마귀를 하나님으로 경배하며 마귀의 수하가 되어 그를 섬기게 하려는 것이었음

사탄은 자신의 두 가지 계략이 실패하자, 다시 세 번째로 주님을 유혹하여 세상 왕국의 영광을 사랑하고 마귀를 하나님으로 경배하며 마귀의 수하가 되어 그를 섬기게 하려 했다(마 4:8-11, 눅 4:5-8).

원수는 우리 자신이 아무것도 아닌 반면에 세상에 있는 사람들은 얼마나 성공하고 있는지를 생각하게 하여 우리가 세상을 사랑하도록 유혹할 것이다. 나는 1933년부터 전시간으로 주님을 섬겼다. 그로부터 십여 년이 지난 후 나는 침략한 일본군에 의해 투옥되었고 그 뒤에 폐결핵에 걸렸다. 병이 회복되던 어느 날, 내가 지팡이를 짚고 다리를 건널 때 문득 이런 생각이 떠올랐다. '너는 십 년 동안이나 주님을 위해 수고해 왔다. 너는 무엇을 얻었는가? 가진 것이라고는 네 손의 지팡이 외에 아무것도 없다. 그런데 너의 급우들과 다른 사람들은 얼마나 성공했는지를 보아라.' 이것은 하나의 시험이었다. 많은 사람이 원수의 세 번째 계략, 즉 세상을 미끼로 우리를 낚아채는 계략을 이기지 못한다. 나는 많은 사람이 이 미끼 때문에 사로잡힌 것을 보았다.

아담 이전 시대에서 하나님은 천사장을 아담 이전 시대의 머리로 임명하셨고(겔 28:13-14), 땅의 왕국들의 권위와 영광을 그에게 주셨다. 그는 하나님께 반역한 후에 하나님의 원수 사탄이 되었고 그분의 심판을 받았다(사 14:12-15). 그러나 그에 대한 하나님의 심판은 천년왕국이 끝나기 전까지 완전히 집행되지는 않을 것이다(계 20:7-10). 따라서 그때까지 그에게는 땅의 왕국들에 대한 권위가 있다. 마귀는 주님을 간교하게 유혹하면서 땅에 속한 왕국과 그 영광을 첫 번째 하나님-사람께 미끼로 제안하여, 마귀를 하나님으로 경배하게 하고 마귀의 수하가 되어 그를 섬기게 하고자 했다. 첫 번째 하나님-사람은 유혹하는 악한 자의 마귀적인 책략을 꿰뚫어 보셨다. 또한 마귀를 쫓아내심으로써, 그리고 그분께서 하나님 앞에 있는 사람으로서 하나님께 경배하고 그분만을 섬길 것이라고 그를 부끄럽게 하는 말씀을 하심으로써 그를 정복하셨다.

나는 이러한 설명들이 우리가 사탄의 계략을 보는 것을 돕기 바란다. 우리 모두는 이러한 위험들 아래에 놓여 있다. 우리의 원수는 매일 분주하다. 또한 그는 매우 부지런하다.

7

첫 번째 하나님-사람의 생활 — 구유에서 십자가까지 (3)

The First God-man's Living—
from the Manger to the Cross (3)

제7장
첫 번째 하나님-사람의 생활 — 구유에서 십자가까지 (3)

성경: 마 22:15-46, 26:57-68

개요

Ⅳ. 그분의 사역 안에서.

B. 그분께서 받으신 유혹들.

2. 그분께서 사역하실 때에 — 마 22:15-46.

a. 유혹하는 자들의 의도는 그분의 말씀으로 그분을 올무에 걸리게 하려는 것이었다 — 마 22:15.

b. 헤롯당원들과 함께한 바리새인들에 의해 — 마 22:16-22.

1) 바리새인들은 유대교의 근본주의자들이었다.

2) 헤롯당원들은 로마 제정(帝政)을 지지하는 헤롯왕 치하에 있던 정치 세력이었다. 그들은 바리새인들이 첫 번째 하나님-사람을 시험할 때 바리새인들에게 이용당했다.

3) 그들은 로마 황제인 가이사에게 인두세를 바치는 것이 옳은지 옳지 않은지를 물어봄으로써 그분을 시험

했는데, 이것은 제정 로마를 반대한다는 이유로 주님을 함정에 빠뜨리기 위한 것이었다 — 마 22:17.

4) 그분은 그들에게 인두세로 낼 주화를 보여 달라고 하셨다. 그들이 그분께 보여 드리자, 그분은 그 주화에 있는 형상과 새겨진 글이 누구의 것이냐고 물으셨고 그들은 "가이사의 것입니다."라고 대답했다. 그분은 "그러면 가이사의 것은 가이사에게, 하나님의 것은 하나님께 돌려드리십시오."라고 말씀하심으로 그들의 음모를 이기셨다 — 마 22:18-22.

c. 사두개인들에 의해 — 마 22:23-34.

1) 사두개인들은 부활을 믿지 않는, 그 당시 유대 종교 안의 현대주의자들이었다.

2) 그들은 그들 가운데 어떤 일곱 형제가 한 여자와 연이어 결혼했다고 말하며 첫 번째 하나님-사람을 시험했다. 그러고 나서 그들은 부활의 때에 그 여자가 누구의 아내가 되겠느냐고 물었다. 그분은 그들이 성경도 하나님의 능력도 알지 못하므로 잘못 생각하고 있으며, 부활의 때에는 사람들이 장가도 가지 않고, 시집도 가지 않고, 하늘에 있는 천사들과 같다고 말씀하셨다. 그분은 하나님께서 아브라함의 하나님이시요, 이삭의 하나님이시요, 야곱의 하나님이신 분으로서, 죽은 사람들의 하나님이 아니시라 산 사람들의 하나님이심을 그들에게 가르치셨다. 이렇게 하여 그분은 그들의 입을 막으셨다 — 마 22:23-34.

d. 바리새인들 가운데 한 율법사에 의해 — 마 22:34-40.

1) 바리새인들 가운데 한 율법사는 첫 번째 하나님-사람께서 사두개인들의 말문을 막으셨다는 것을 알고, 율법에서 어느 계명이 가장 큰지를 물음으로써 그분을 시험했다 — 마 22:34-36.

2) 그분은 " '그대는 온 마음과 온 혼과 온 생각으로 주

그대의 하나님을 사랑해야 합니다.' 이것이 가장 크고 으뜸가는 계명이며, '너는 너의 이웃을 너 자신처럼 사랑해야 한다.'라는 둘째 계명도 이것에 못지않습니다. 온 율법과 신언서가 이 두 계명에 달려 있습니다."라고 대답하셨다. 이로써 그분은 그들도 패배시키셨다 — 마 22:37-40.

e. 첫 번째 하나님-사람은 그들에게 시험을 되돌리셨다 — 마 22:41-46.

1) 그분은 이렇게 말씀하시면서 그들을 시험하셨다. "여러분은 그리스도에 관하여 어떻게 생각합니까? 그는 누구의 자손입니까?" 그들은 "다윗의 자손입니다."라고 대답했다. 그분은 "그렇다면 어찌하여 다윗이 영 안에서 그리스도를 주님이라고 부르면서[시 110:1] … 말합니까? … 다윗이 그리스도를 주님이라고 부른다면, 어떻게 그리스도께서 다윗의 자손이 되시겠습니까?"라고 말씀하셨다 — 마 22:41-45.

2) 그러자 한마디도 대답할 수 있는 사람이 없었으며, 그날부터 예수님께 감히 더 묻는 사람도 없었다 — 마 22:46.

3) 바리새인들과 헤롯당원들과 사두개인들과 바리새인들 가운데 한 율법사는 로마 제정과 유대 종교의 믿음과 그들의 신조에 대해 질문함으로써 첫 번째 하나님-사람을 시험했다. 그들은 이러한 질문을 할 때 그분을 올무에 걸리게 할 수 있으리라고 생각했다. 그러나 그분은 모든 지혜와 굴복시키는 답변으로써 그들을 패배시키셨는데, 이것은 그들의 참된 필요가 정치적이고 종교적인 것들이 아닌 그리스도의 인격이라는 것을 숙고하게 하려는 것이었다.

4) 그분께서 그리스도의 인격으로 사람들을 시험하셨을 때 그들은 충분한 지식 없이 그리스도가 그분의 인성

에서 다윗의 씨이신 것만 알았을 뿐, 그분의 신성에서 하나님의 오른편에 앉으실(시 110:1) 다윗의 주님이신 것은 몰랐다. 결국 그분은 모든 사람의 입을 막으시고 상호 간의 시험에서 승리를 거두셨다.

3. 사역의 끝에 — 마 26:57-68.
   a. 그분께서 밤에 로마 군인들에게 붙잡히신 후 유대 공회에게 심판받으실 때에 — 마 26:57-58.
   b. 그들이 그분을 죽이려고 여러 가지 일에 관해 그분을 시험했으나 그분은 아무 대답도 하지 않으셨다 — 마 26:59-62.
   c. 결국 대제사장은 그분이 하나님의 아들 그리스도인지 아닌지를 시험했다 — 마 26:63.
   d. 그분은 "대제사장께서 말씀하신 대로입니다. 그러나 내가 여러분에게 말합니다. 장차 여러분은 사람의 아들이 큰 능력이 있으신 분의 오른편에 앉은 것[시 110:1]과 하늘 구름을 타고 오는 것을 볼 것입니다."라고 대답하셨다 — 마 26:64.
   e. 대제사장은 자기 옷을 찢으며 그분이 하나님을 모독한다고 말했고, 공회는 그분이 사형을 받아야 한다고 여겼다 — 마 26:65-66.
   f. 그들은 그분의 얼굴에 침을 뱉었고 그분을 주먹으로 쳤으며 또 다른 사람들은 손바닥으로 뺨을 때렸다 — 마 26:67-68.
   g. 사탄에게 이용당한 대제사장이 첫 번째 하나님-사람을 마지막으로 시험할 때, 그 시험은 유혹의 시작이었던 마귀의 시험과 원칙상 동일했다. 그것은 첫 번째 하나님-사람을 유혹하여 하나님의 아들이라는 그분의 신성한 위치를 취하고 사람이라는 그분의 인간의 위치를 무시하도록 하려는 것이었다 — 마 4:3-7.

h. 사탄의 책략을 아셨던 첫 번째 하나님-사람은 대답하실 때 거듭하여, 하나님의 아들이라는 그분의 신성한 위치를 취하지 않으시고 사람의 아들이라는 그분의 인간의 위치를 강조하셨다. 이것은 그분의 인성으로 사탄을 부끄럽게 하시고 무효화하시기 위한 것이었다.

4. 결론적으로, 사탄과 그에게 이용당한 도구들의 모든 유혹은, 첫 번째 하나님-사람께서 하나님이시자 사람이신 그분의 이중 신분에 따라 그분의 신분의 제한 안에서 위엄 있고 장중하게 행동하신 것을 생생한 그림으로 우리에게 제시한다. 그분의 지혜, 정직함, 하나님에 대한 신실함, 그분의 위치와 신분에 대한 그분의 온전한 생각, 정복하고 굴복시키는 능력과 같은 모든 항목이 그분의 대적 사탄 마귀에 대한 이 추한 그림 안에 보인다. 반대자들이 첫 번째 하나님-사람을 시험한 실지적인 결과는 그들이 존경하는 조상 다윗의 주님이신 하나님이시자, 하나님의 오른편에 앉으실(시 110:1) 다윗의 씨로서 사람이시기도 한 그리스도의 양 방면을 그들에게 온전히 나타낼 기회를 주었다. 모든 것을 포함하신 이 그리스도가 그들의 생활에 참으로 필요한 분이셨다. 그들이 사탄에 의해 눈멀어 그들의 참된 필요를 깨닫지 못한 채, 그분을 멸시하고 버렸으며 십자가에 못 박히는 사형을 받도록 판결한 것(마 26:66-67)은 얼마나 가련한 일인가!

앞의 장에서 우리는 주님께서 사역을 시작하실 때 그분을 유혹한 마귀의 계략을 보았다. 이 장에서는 주님께서 그분의 사역하시는 기간과 사역의 끝에 받으셨던 유혹들을 보려고 한다. 주님은 다른 몇 가지 시험도 거치셨지만, 그 시험의 원칙들은 모두 이 세 가지 유혹의 범주에 속해 있다. 나는 모두가 이 장 안에 있는 교통의 내용에 충분히 주의를 기울이기를 바라며, 더 나아가 다른 사람들과 함께 이 장에 관해 연구하기를 바란다.

그분께서 받으신 유혹들

그분께서 사역하실 때에

마태복음 22장 15절부터 46절까지는 주님께서 그분의 사역 기간 중에 겪으신 시험들을 보여 준다.

유혹하는 자들의 의도

유혹하는 자들의 의도는 그분의 말씀으로 그분을 올무에 걸리게 하려는 것이었다(마 22:15).

헤롯당원들과 함께한 바리새인들에 의해

바리새인들은 유대교의 근본주의자들이었다. 헤롯당원들은 로마 제정을 지지하는 헤롯왕 치하에 있던 정치 세력이었다. 그들은 바리새인들이 첫 번째 하나님-사람을 시험할 때 바리새인들에게 이용당했다. 그들은 로마 황제인 가이사에게 인두세를 바치는 것이 옳은지 옳지 않은지를 물어봄으로써 그분을 시험했는데, 이것은 제정 로마를 반대한다는 이유로 주님을 함정에 빠뜨리기 위한 것이었다(마 22:16-17). 바리새인들은 유대인들의 편이었던 반면 헤롯당원들은 로마를 지지했다. 가이사에게 세금을 바쳐야 하느냐, 바치지 말아야 하느냐는 대답하기 어려운 질문이었다. 주님께서 "바쳐야 합니다."라고 말씀하셨다면 이것은 유대인들을 화나게 했을 것이다. 만일 "바치지 말아야 합니다."라고 말씀하셨다면 이것은 로마 정부를 반대하는 것이었다. 참으로 그것은 올무에 걸리게 하는 질문이었다. 그러나 주님의 능력은 매우 높고, 그분의 지혜는 매우 깊었다. 그분의 대답은 모두를 굴복시켰다.

그분은 그들에게 인두세로 낼 주화를 보여 달라고 하셨다. 이것은 그분께서 가이사에게서 온 어떤 주화도 갖고 계시지 않았고, 따라서 그들에게 주화를 보여 달라고 요청하셨음을 뜻한다. 자신들의 호주머니에 로마 주화를 갖고 있었다는 것은 그들이 이미 이 일에서 패배했음을 뜻한다. 주 예수님은 로마 주화를 보여 주신 것이 아니라 그들에게 주화를 보여 달라고 요청하셨다. 그들은 로마 주화를 갖고 있었기 때문에 걸려든 것이다. 그들이 그분께 보여 드리자, 그분은 그 주화에 있는 형상과 새겨진 글이 누구의 것이냐고 물으셨고 그들은 "가이사의 것입니다."라고 대답했다. 그분은 "그러면 가이사의 것은 가이사에게, 하나님의 것은 하나님께 돌려드리십시오."라고 말씀하심으로 그들의 음모를 이기셨다(마 22:18-22).

사두개인들에 의해

사두개인들은 부활을 믿지 않는, 그 당시 유대 종교 안의 현대주의자들이었다. 오늘날 그리스도인들 중에도 현대주의자들이 있다. 그들은 성경을 믿지 않고 처녀에 의한 그리스도의 출생도 믿지 않는다. 그들은 그리스도께서 우리의 죄들을 처리하시기 위해 십자가에서 죽으셨다는 것을 믿지 않고 단지 순교자로서 십자가에서 죽으셨다고 믿는다. 그들은 부활도 기적도 믿지 않는다. 현대주의자들은 성경에 있는 모든 기적을 외면한다. 고대의 사두개인들은 고대의 현대주의자들이었다.

그들은 그들 가운데 어떤 일곱 형제가 한 여자와 연이어 결혼했다고 말하며 첫 번째 하나님-사람을 시험했다. 그러고 나서 그들은 부활의 때에 그 여자가 누구의 아내가 되겠느냐고 물었다. 그분은 그들이 성경도 하나님의 능력도 알지 못하므로 잘못 생각하고 있으며, 부활의 때에는 사람들이 장가도 가지 않고, 시집도 가지 않고, 하늘에 있는 천사들과 같다고 말씀하셨다. 그분은 하나님께서 아브라함의 하나님이시요, 이삭의 하나님이시요, 야곱의 하나님이신 분으로서, 죽은 사람들의 하나님이 아니시라 산 사람들의 하나님이심을 그들에게 가르치셨다.

하나님은 산 사람들의 하나님이시다. 그러나 아브라함과 이삭과 야곱은 죽었다. 어떻게 하나님께서 그들의 하나님이 되실 수 있는가? 하나님은 이 세 명의 죽은 사람들의 하나님이라고 불리셨으며, 이것은 그들이 부활할 것임을 가리킨다. 주 예수님께서 해석해 주지 않으셨다면 우리는 이 신성한 칭호가 부활을 가리킨다는 것을 보지 못했을 것이다. 이것이 주님께서 사두개인들에게 그들이 성경을 알지 못한다고 말씀하신 이유이다. 그들은 그것을 문자로는 알았지만 그 내재적인 의미를 알지 못했다. 이렇게 하여 그분은 그들의 입을 막으셨다(마 22:23-34).

바리새인들 가운데 한 율법사에 의해

바리새인들 가운데 한 율법사는 첫 번째 하나님-사람께서 사두개인들의 말문을 막으셨다는 것을 알고, 율법에서 어느 계명이 가장 큰지를 물음으로써 그분을 시험했다(마 22:34-36). 그분은 " '그대는 온 마음과 온 혼과 온 생각으로 주 그대의 하나님을 사랑해야 합니다.' 이것이 가장 크고 으뜸가는 계명이며, '너는 너의 이웃을 너 자신처럼 사랑해야 한다.'라는 둘째 계명도 이것에 못지않습니다. 온 율법과 신언서가 이 두 계명에 달려 있습니다."라고 대답하셨다. 이로써 그분은 바리새인들도 패배시키셨다(마 22:37-40).

첫 번째 하나님-사람은 그들에게 시험을 되돌리심

주님을 시험했던 모든 사람이 패배당하고 말문이 막혔다. 사실 그분만이 시험할 수 있는 자격을 갖추신 유일한 분이셨다. 그분은 이렇게 말씀하시면서 그들을 시험하셨다. "여러분은 그리스도에 관하여 어떻게 생각합니까? 그는 누구의 자손입니까?" 그들의 질문은 그들이 로마 제정과 유대 종교의 믿음과 신조(율법)에 관심이 있음을 보여 주었다. 그러나 주님은 그것들이 아무것도 아님을 드러내셨다. 중요한 것은 그리스도였다. 그분이야말로 그들에게 필요한 분이셨다. 그분께서 사람들에게 그리스도가 누구의 자손이냐고 물으셨을 때, 그들은 "다윗의 자손입니다."라고 대답했다. 그분은 "그렇다면 어찌하여 다윗이 영 안에서 그리스도를 주님이라고 부르면서[시 110:1] … 말합니까? … 다윗이 그리스도를 주님이라고 부른다면, 어떻게 그리스도께서 다윗의 자손이 되시겠습니까?"라고 말씀하셨다(마 22:41-45). 그러자 한마디도 대답할 수 있는 사람이 없었으며, 그날부터 예수님께 감히 더 묻는 사람도 없었다(46절).

바리새인들과 헤롯당원들과 사두개인들과 바리새인들 가운데 한 율법사는 로마 제정과 유대 종교의 믿음과 그들의 신조에 대해 질문함으로써 첫 번째 하나님-사람을 시험했다. 그들은 이러한 질문을 할 때 그분을 올무에 걸리게 할 수 있으리라고 생각했다. 그러나 그분은 모든 지혜와 굴복시키는 답변으로써 그들을 패배시키셨는데, 이것은 그들의 참된 필요가 정치적이고 종교적인 것들이 아닌 그리스도의 인격이라는 것을 숙고하게 하려는 것이었다. 마치 주님께서 "여러분은 자신의 참된 필요를 생각해야 합니다. 여러분의 삶의 참된 필요는 그리스도입니다. 그러나 안타깝게도 여러분은 그리스도를 모르고 있습니다. 여러분은 로마 제정과 유대인의 믿음과 신조에 대해서 알고 있습니다. 모든 정치적인 것들과 종교적인 것들을 알고 있습니다. 그러나 여러분의 참된 필요이신 그리스도를 모르고 있습니다."라고 말씀하시는 것 같았다.

그분께서 그리스도의 인격에 관해 사람들을 시험하셨을 때 그들은 충분한 지식 없이 그리스도가 그분의 인성에서 다윗의 씨이신 것만 알았을 뿐, 그분의 신성에서 하나님의 오른편에 앉으실(시 110:1) 다윗의 주님이신 것은 몰랐다. 결국 그분은 모든 사람의 입을 막으시고 상호 간의 시험에서 승리를 거두셨다.

사역의 끝에

이제 우리는 주님의 사역의 끝에 그분께서 겪으신 시험들을 생각해 보고자 한다(마 26:57-68). 이것은 그분께서 밤에 로마 군인들에게 붙잡히신 후 유대 공회에게 심판받으실 때였다(57-58절). 그들이 그분을 죽이려고 여러 가지 일에 관해 그분을 시험했으나 그분은 아무 대답도 하지 않으셨다(59-62절). 결국 대제사장은 그분이 하나님의 아들 그리스도인지 아닌지를 시험했다(63절). 그분은 "대제사장께서 말씀하신 대로입니다. 그러나 내가 여러분에게 말합니다. 장차 여러분은 사람의 아들이 큰 능력이 있으신 분의 오른편에 앉은 것[시 110:1]과 하늘 구름을 타고 오는 것을 볼 것입니다."(마 26:64)라고 대답하셨다. 주 예수님은 "여호와께서 내 주님께 선포하셨습니다. '내가 너의 원수들을 너의 발 받침대로 둘 때까지 나의 오른편에 앉아 있어라.' "라고 말하는 시편 110편 1절을 그들에게 언급하셨다. 그분은 사람이셨지만, 하나님의 오른편에 앉으실 수 있었다. 그분은 자신이 하나님과 같다고 말씀하셨고 그것은 유대인들을 분노하게 했다. 그러나 그 사실은 시편 110편 1절에서 다윗이 예언한 것이다. 주님은 또한 사람의 아들이 하늘 구름을 타고 오실 것이라고 말씀하셨다. 이것은 아직 이루어지지 않았다. 우리는 사람의 아들이신 주 예수님께서 이 땅을 차지하시고 소유하시기 위해 하늘의 구름을 입고 오실 것을 믿는다(계 10:1-2).

대제사장은 이분, 곧 나사렛 출신의 예수님께서 자신이 하나님 오른편에 앉을 것이라고 말씀하시면서 하나님과 그분 자신을 동등하게 두시자, 자기 옷을 찢으며 예수님이 하나님을 모독한다고 말했고 공회는 그분이 사형을 받아야 한다고 여겼다(마 26:65-66). 그들은 그분의 얼굴에 침을 뱉었고 그분을 주먹으로 쳤으며 또 다른 사람들은 손바닥으로 뺨을 때렸다(67-68절).

사탄에게 이용당한 대제사장이 첫 번째 하나님-사람을 마지막으로 시험할 때, 그 시험은 유혹의 시작이었던 마귀의 시험과 원칙상 동일했다. 그것은 첫 번째 하나님-사람을 유혹하여 하나님의 아들이라는 그분의 신성한 위치를 취하고 사람이라는 그분의 인간의 위치를 무시하도록 하려는 것이었다(마 4:3-7). 처음에는 사탄 자신이 주님을 유혹했다. 마지막에는 대제사장이 그분을 유혹했다. 이 두 가지 유혹은 사실상 똑같은 것이었는데, 그것은 대제사장이 사탄에게 이용당했기 때문이다. 대제사장의 유혹은 단지 사탄의 유혹의 반복이었다. 그들은 하나님께서 주신 주님의 위치 곧 신성의 위치를 취하고, 하나님께서 정하신 주님의 위치 곧 인성의 위치를 무시하도록 유혹했다. 사탄의 책략을 아셨던 첫 번째 하나님-사람은 대답하실 때 거듭하여, 하나님의 아들이라는 그분의 신성한 위치를 명시적으로 취하지 않으시고 사람의 아들이라는 그분의 인간의 위치를 강조하셨다. 이것은 그분의 인성으로 사탄을 부끄럽게 하시고 무효화하시기 위한 것이었다. 주님께서 인성의 위치에 서신 것은 사탄과 사탄에게 이용당한 사람들을 패배시키는 강력한 무기였다.

첫 번째 하나님-사람에 대한 생생한 그림

결론적으로, 사탄과 그에게 이용당한 도구들의 모든 유혹은, 첫 번째 하나님-사람께서 하나님이시자 사람이신 그분의 이중 신분에 따라 그분의 신분의 제한 안에서 위엄 있고 장중하게 행동하신 것을 생생한 그림으로 우리에게 제시한다. 그분의 지혜, 정직함, 하나님에 대한 신실함, 그분의 위치와 신분에 대한 그분의 온전한 생각, 정복하고 굴복시키는 능력과 같은 모든 항목이 그분의 대적 사탄 마귀에 대한 이 추한 그림 안에 보인다. 반대자들이 첫 번째 하나님-사람을 시험한 실지적인 결과는 그들이 존경하는 조상 다윗의 주님이신 하나님이시자, 하나님의 오른편에 앉으실(시 110:1) 다윗의 씨로서 사람이시기도 한 그리스도의 양 방면을 그들에게 온전히 나타낼 기회를 주었다. 모든 것을 포함하신 이 그리스도가 그들의 생활에 참으로 필요한 분이셨다. 그들이 사탄에 의해 눈멀어 그들의 참된 필요를 깨닫지 못한 채, 그분을 멸시하고 버렸으며 십자가에 못 박히는 사형을 받도록 판결한 것(마 26:66-67)은 얼마나 가련한 일인가!

8

첫 번째 하나님-사람의 생활 — 구유에서 십자가까지 (4)

The First God-man's Living—from the Manger to the Cross (4)

제8장

첫 번째 하나님-사람의 생활 — 구유에서 십자가까지 (4)

성경: 빌 2:8, 마 11:28-29, 12:16, 19-20, 9:36, 11:5, 눅 4:18-22, 요 11:35, 눅 9:58, 53-56, 사 53:3, 7, 벧전 4:1, 2:21-23, 눅 23:34상, 42-43, 히 2:18, 4:15, 요 5:19, 30, 8:28, 14:10, 6:38, 마 26:39, 42, 요 7:6, 8, 딤전 3:16상

개요

Ⅳ. 그분의 사역 안에서.

C. 사역을 위한 그분의 생활.

1. 물 침례의 의미에 근거하여.

a. 육체를 지닌 사람이 아무 쓸모가 없으며 죽고 장사되기에만 적합하다는 것을 인정하셨다.

b. 자아와 타고난 사람을 부인하셨다.

c. 자아를 십자가에 두셨고 항상 십자가의 그늘 아래 사셨다.

d. 자신을 낮추심으로 겸손한 삶을 사셨다 — 빌 2:8.

e. 하나님의 멍에 아래 사셨고 마음이 온유하고 겸허하셨다 — 마 11:28-29.

f. 그분을 알리지 말라고 사람들에게 당부하셨다 — 마 12:16.

g. 다투지도 않으시고 외치지도 않으시어 아무도 길에서

그분의 소리를 듣지 못하며, 그분께서 정의를 가져와 승리하시기까지 상한 갈대를 꺾지 않으시고 연기 나는 심지를 끄지 않으실 것이다 — 마 12:19-20.

h. 하나님의 양 떼를 돌보셨다 — 마 9:36.
   1) 가난한 이들을 돌보시기 위해 기적을 행하셨다.
   2) "눈먼 이가 시력을 얻고, 다리 저는 이가 걸으며, 나병 환자가 깨끗해지고, 귀먹은 이가 들으며, 죽은 이가 살아나고, 가난한 이가 복음을 듣습니다." — 마 11:5.
   3) 그분의 입에서 나오는 은혜의 말씀으로 가난한 이들에게 복음을 전파하셨다 — 눅 4:18-22.
   4) 고난받는 무지한 제자들을 동정하시어 우시기까지 하셨다 — 요 11:35.

i. 여우도 굴이 있고 하늘의 새도 둥지가 있으나 그분은 머리 둘 곳이 없으셨다 — 눅 9:58.

j. 배척하는 사람들을 향해 올바른 영을 갖도록 제자들을 바로잡으셨다 — 눅 9:53-56.

k. 고통받으셨지만 보복하지 않으심으로써 우리가 그분의 발자취를 따를 수 있도록 본을 남기셨다 — 사 53:3, 7, 벧전 4:1, 2:21-23.

l. 그분은 십자가에 못 박히셨을 때, 그분을 십자가에 못 박는 사람들을 위해 기도하셔서 아버지께서 그 사람들이 알지 못해 범하는 죄를 용서해 주시기를 구하셨다 — 눅 23:34상.

m. 고난받으시며 죽어 가실 때에도 그분은 그분과 함께 십자가에 못 박힌 범죄자 중 한 사람에게 구원을 베푸셨다 — 눅 23:42-43.

n. 유혹을 받으셨지만 죄는 없으셨다 — 히 2:18, 4:15, 벧전 2:22.

o. 스스로 아무것도 하지 않으셨다 — 요 5:19, 30상, 8:28.

p. 스스로 어떤 말도 하지 않으셨다 — 요 14:10상.

q. 그분 자신의 뜻을 구하지 않으시고 하나님의 뜻을 구하셨다 — 요 5:30하, 6:38, 마 26:39, 42.

"나의 아버지, 하실 수만 있으시다면, 이 잔을 나에게서 지나가게 해 주십시오. 그러나 나의 뜻대로 하지 마시고 아버지 뜻대로 하십시오."

"나의 아버지, 내가 마시지 않고는 이 잔이 나에게서 지나갈 수 없다면, 아버지의 뜻대로 하십시오."

r. 죽기까지, 심지어 십자가에서 죽기까지 하나님께 순종하셨다 — 빌 2:8.

2. 그분 자신을 따라 살 자유가 없으셨다.

a. 그분은 그분의 형제들에게 "나의 때는 아직 이르지 않았지만, 여러분의 때는 항상 준비되어 있습니다."라고 말씀하셨다 — 요 7:6.

b. "여러분은 명절을 지내러 올라가십시오. 나의 때가 아직 차지 않았으므로, 내가 지금은 이 명절을 지내러 올라가지 않겠습니다." — 요 7:8.

3. 아버지의 경륜의 성취를 위해, 그분 안에 거하시고 일하시는 아버지와 동역하셨다 — 요 14:10하.

4. 인성의 미덕 안에서 하나님의 속성을 표현하시기 위해 하나님을 나타내셨다 — 딤전 3:16상.

사역을 위한 그분의 생활

지금까지 첫 번째 하나님-사람의 유아기와 유년기와 열두 살부터 서른 살까지의 침묵기의 생활을 보았다. 또한 그분께서 사역을 시작하셨을 때와 유혹을 받으셨을 때의 그분의 생활을 보았다. 이 장에서 우리는 사역을 위한 첫 번째 하나님-사람의 생활을 볼 것이다. 우리는 우리의 사역을 위한 우리의 생활을 고려해 보아야 한다. 오늘날 이 땅의 많은 사람이 목적 없이 살고 있다. 내가 미국에 와서 여기서 살고 있는 것은 사역을 위한 것이다. 사역을 위해서가 아니라면, 이 나라에 오지 않았을 것이다. 우리는 주님의 사역을 위해 살고 있다.

물 침례의 의미에 근거하여

육체를 지닌 사람이 아무 쓸모가 없으며
죽고 장사되기에만 적합하다는 것을 인정하심

그분은 사역을 시작하실 때, 어떤 것을 행하시기 전에 침례자 요한에게 와서 침례를 받으셨다. 물 침례는 육체를 지닌 사람이 하나님께서 보시기에 아무 쓸모가 없으며 죽고 장사되기에만 적합하다는 것을 상징한다. 그리스도의 사역을 위한 생활은 물 침례의 의미에 근거한다. 우리는 우리의 생활에서 똑같은 근거를 가져야 한다.

자아와 타고난 사람을 부인하심

이러한 의미에 근거하여 그리스도는 그분의 자아와 타고난 사람을 부인하셨다. 물 침례가 우리에게 어떤 의미인지를 잊어서는 안 된다. 그것은 우리가 장사되었음을 뜻한다. 우리는 과거에 행했던 방식으로 배우자를 대해서는 안 된다. 장사된 것에 근거하여 마땅히 우리의 자아와 타고난 사람을 부인해야 한다. 타고난 생명에 의해 어떤 것도 행해서는 안 된다. 왜냐하면 우리의 타고난 생명은 장사되었기 때문이다.

자아를 십자가에 두심

주님은 그분의 자아를 십자가에 두셨고 항상 십자가의 그늘 아래 사셨다. 그분은 "누구든지 나를 따라오려거든, 자기를 부인하고 자기 십자가를 지고 나를 따라오십시오."(마 16:24)라고 말씀하셨다. 그리스도를 따르는 우리는 항상 자아에 십자가를 적용해야 한다. 우리는 끊임없이 십자가의 그늘 아래 살아야 한다. 나는 그리스도인의 전 생애를 통해, 자아를 십자가에 두며 십자가의 그늘 아래 사는 공과를 배우고 있다. 주님을 따랐던 바로 그때부터 나는 십자가를 지고 그분을 따르는 것을 배웠다. 우리의 타고난 사람이 좋은지 나쁜지는 중요하지 않다. 우리의 타고난 사람이 좋은 것이라 해도 우리는 그것을 거절하고 부인해야 한다. 우리의 타고난 생명이 온유하고 친절하며 사람들에게 선하게 행동하기 때문에 타고난 생명으로 살아야 한다고 생각해서는 안 된다. 반드시 기억해야 할 것은 온유하고 친절한 생명이 우리가 침례 받았을 때 장사되었다는 것이다. 오늘 우리의 생명은 그 영이시자 신성한 생명이신 그리스도이다.

겸손한 삶을 사심

그리스도는 또한 그분 자신을 낮추심으로 겸손한 삶을 사셨다(빌 2:8). 이것은 우리가 어떤 것도 자랑해서는 안 된다는 것을 보여 준다. 우리에게는 자랑할 만한 가치가 있는 것이 아무것도 없다. 바울에게는 육체의 가시가 주어졌는데, 이는 하나님께서 그가 본 계시 때문에 너무

높아질까 봐 염려하셨기 때문이다. 하나님은 바울에게 가시를 두셔서 교만에 빠지지 않도록 그를 굴복시키셨다.

하나님의 멍에 아래 사심

땅에서의 사역에서 주님은 또한 그분의 하나님의 멍에 아래 사셨고 마음이 온유하고 겸허하셨다(마 11:28-29). 우리의 사역을 위하여 우리 또한 멍에 아래 사는 삶을 살아야 한다. 멍에 아래 있는 가축은 반드시 주인의 인도 아래 땅을 갈게 되어 있다. 하나님의 멍에 아래 있을 때 우리에게는 자유가 없고 선택이 없으며 선호가 없다.

그분을 알리지 말라고 사람들에게 당부하심

마태복음 12장 16절은 주님께서 자신을 알리지 말라고 사람들에게 당부하셨다고 말한다. 이것은 그분께서 유명해지시는 것을 원하지 않으셨다는 뜻이다. 모든 동역자는 그러한 유혹에 직면한다. 어떤 이들은 유명해지고 모든 사람들에게 알려지기를 좋아한다. 그러나 주 예수님은 이와 반대이셨다. 유명해지는 것은 하나의 유혹이다. 우리가 유명해지기를 원할 때 우리는 끝난 것이다. 어떤 그리스도인 사역자들은 유명해지기를 원하기 때문에, 사람들에게 감히 심한 말을 하지 못한다. 그들은 다음번에 초청받지 못할까 두려워하기 때문에 어떤 것들을 말하려 하지 않는다. 1964년에 나는 댈러스에 있는 믿는 이들의 어떤 모임에서 말씀을 전해 달라는 초청을 받았다. 내가 그들에게 그리스도를 공급했으므로 그들은 나를 환영했다. 그들과 함께한 마지막 시간에, 나는 그리스도의 몸인 교회에 관하여 말했다. 결국 나는 이것 때문에 거절당했다. 우리는 반드시 신성한 계시의 진리를 말하는 데 신실해야 한다. 전에 우리의 동역자 중 어떤 이는 다른 사람들을 언짢게 한다는 이유 때문에, 마지막 아담이신 그리스도께서 생명 주시는 영이 되셨음을 감히 말하지 못했다. 이것은 첫 번째 하나님-사람의 생활과 반대된다. 그분은 자신을 위한 이름을 내려는 목적으로 모든 사람에게 받아들여지는 것을 구하지 않으셨다.

다투지도 않으시고 외치지도 않으시어
아무도 길에서 그분의 소리를 듣지 못함

마태복음 12장 19절과 20절은 "그는 다투지도 않고 외치지도 않으니, 아무도 길에서 그의 소리를 듣지 못할 것이며, 그가 정의를 가져와 승리하기까지, 상한 갈대를 꺾지 않고 연기 나는 심지를 끄지 않을 것이다."라고 말한다. 고대에 유대인들은 갈대로 피리를 만들었다. 갈대가 상하면 그들은 그것을 꺾어 버렸다. 또한 기름을 태울 수 있는 심지를 만들었다. 기름이 다 떨어지면 심지에 연기가 났고 그들은 그것을 꺼 버렸다. 주님의 백성 가운데 어떤 이들은 음악 소리를 낼 수 없는 상한 갈대와 같고, 또 어떤 이들은 환한 빛을 낼 수 없는 연기 나는 심지와 같다. 그러나 주님은 상한 이들을 꺾지 않으시고 연기 나는 이들도 끄지 않으실 것이다. 상한 갈대나 연기 나는 심지와 같은 이들 가운데 몇몇은 승리에 이르는 의를 가져오기 위해 그리스도께 쓰임받을 것이다. 우리 자신 외에는 그 누구도 쓸모없다고 생각한다면, 주님의 일을 수행할 수 없다. 우리는 동역자들을 선정할 때, 다만 그들이 외적으로 어떻게 보이는지를 고려할지 모른다. 그러나 외적으로 좋아 보이는 그들이 신실하지 않을 수도 있다. 주님은 상한 갈대들과 연기 나는 심지를 선택하셨다. 그러고 나서 주님은 그들을 온전케 하여 주님의 손에 유용하게 하심으로 그들이 정의를 가져와 승리하게 하신다. 우리는 주님께서 우리에게 주신 이들을 사용해야 한다. 우리에게 좋은 사람들을 주셨다면, 우리는 좋은 사람들을 사용해야 한다. 우리에게 좋지 못한 사람들을 주셨다면, 우리는 좋지 못한 사람들을 사용해야 한다.

하나님의 양 떼를 돌보심

주님께서 무리를 보셨을 때 '불쌍히 여기셨는데, 왜냐하면 그들이 목자 없는 양처럼 시달리며 내버려졌기 때문이다'(마 9:36). 그분은 가난한 이들을 돌보시기 위해 기적을 행하셨다. 그분은 "눈먼 이가 시력을 얻고, 다리 저는 이가 걸으며, 나병 환자가 깨끗해지고, 귀먹은 이가 들으며, 죽은 이가 살아나고, 가난한 이가 복음을 듣습니다."(마 11:5)라고 말씀하셨다. 이것은 그들의 목자로서 그들을 돌보시는 주님께서 긍휼을 베푸신 것이다. 주님의 사역자인 우리는 어떻게 가난한 이들을 돌보아야 하는지를 배워야 한다. 또한 주님은 그분의 입에서 나오는 은혜의 말씀으로 가난한 이들에게 복음을 전파하셨다(눅 4:18-22). 때로 우리는 은혜의 말을 하는 대신에 책망과 유죄판결의 말을 한다. 우리는 은혜의 말을 하기 위해 그분과 하나 되기를 배워야 한다. 또한 주님은 고난받는 무지한 제자들을 동정하시어 우시기까지 하셨다(요 11:35). 마르다와 마리아는 그들의 오빠 나사로를 잃었다. 그러나 그들은 무지했고, 이 때문에 주님은 우셨다. 여기서 '울다'라는 말은 '소리 없이 울다'라는 뜻이다. 주님은 그들에게 나사로가 부활할 것이라고 말씀하셨다. 그러나 그분은 사람의 의견 때문에 방해를 받으셨다. 마르다는 부활을 마지막 날까지 미루었다(요 11:24). 그러므로 주 예수님은 우셨다. 오늘날 많은 그리스도인이 고통받고 있지만, 왜 그러한 고통을 받는지, 그러한 고통 아래에서 무엇을 행해야 하는지를 알지 못한다. 주님은 이러한 상황을 동정하신다.

머리 둘 곳이 없으심

여우도 굴이 있고 하늘의 새도 둥지가 있으나 그분은 머리 둘 곳이 없으셨다(눅 9:58). 우리는 이러한 방식으로 가난을 견디는 것을 배워야 한다.

올바른 영을 갖도록
제자들을 바로잡으심

주님은 배척하는 사람들을 향해 올바른 영을 갖도록 제자들을 바로잡으셨다. 주님과 그분의 제자들이 한 마을을 지나가는데, 그곳 사람들이 그들을 영접하지 않았다. 천둥의 두 아들이라 불린 야고보와 요한은 "주님, 하늘에서 불이 내려 그들을 불사르라고 우리가 명령하기를 원하십니까?"라고 물었다. 그러자 주님은 "여러분의 영이 어떠한지 여러분은 알지 못합니다."라고 말씀하셨다(눅 9:53-56). 이것은 주님께서 언제나 올바른 영으로 사람들을 대하셨음을 보여 준다. 나는 종종 잘못된 영으로 사람들을 대한 것을 후회했다. 우리는 사람들을 대하는 방식에서 우리의 영을 바로잡는 공과를 배워야 한다. 우리를 받아들이지 않는 사람들을 향해 잘못된 영으로 반응한다면, 우리는 사람들을 섬길 자격이 없다. 우리가 잘못된 영을 갖고 있다면, 사람들에게 하나님의 말씀을 공급할 수 없다.

신약에 따르면 교회는 오직 지방이라는 하나의 터를 갖고 있다. 즉 한 지방에 한 교회가 있다. 이것을 실행함으로 우리는 모든 교파의 터를 무효화한다. 이 때문에 사람들은 우리를 받아들이거나 환영하지 않는다. 우리가 누가복음 9장에서의 야고보와 요한같이 잘못된 영으로 반응해야 하는가? 우리는 반드시 올바른 영을 갖도록 훈련해야 한다. 주님은 하나님-사람의 생활을 하신 참된 본이시다.

고통받으셨지만 보복하지 않으심

주님은 고통받으셨지만 보복하지 않으심으로써 우리가 그분의 발자취를 따를 수 있도록 본을 남기셨다(사 53:3, 7, 벧전 4:1, 2:21-23). 그분은 털 깎는 사람 앞의 양처럼 고난 가운데서도 잠잠하셨다. 그분은 욕을 들으셨지만 욕으로 되갚지 않으셨다. 오늘날 우리 동역자들은 이러한 본을 배워야 한다. 사람들이 우리를 욕한다 하더라도, 욕으로 되갚으려는 생각을 하지 말아야 한다.

'본'(벧전 2:21)에 대한 헬라어 단어는 직역하면 '습자첩', '학생들이 글씨를 배울 때 밑에 놓고 글자를 따라 쓰는 글씨본'이다. 주님께서 그분의 고난의 삶을 우리 앞에 두셨으므로, 우리는 그분의 발자취를 따르며 그분의 삶을 본받을 수 있다. 이것은 그분과 그분의 삶을 다만 모방하는 것이 아니라, 고난 가운데서 은혜이신 그분을 누림으로써 그분의 재생산이 되는 것을 가리킨다. 그 결과, 내주하시는 영이신 주님께서 그분의 생명의 모든 풍성을 가지고 그분 자신을 우리 안에 재생산하신다. 우리는 그분을 다만 외적인 본으로 삼아 모방하는 것이 아니라, 원본이신 그분의 재생산이 된다.

그분을 십자가에 못 박는 사람들을 위해 기도하심

그분은 십자가에 못 박히셨을 때, 그분을 십자가에 못 박는 사람들을 위해 기도하셔서 아버지께서 그 사람들이 알지 못해 범하는 죄를 용서해 주시기를 구하셨다(눅 23:34상).

범죄자 중 한 사람에게 구원을 베푸심

고난받으시며 죽어 가실 때에도 그분은 그분과 함께 십자가에 못 박힌 범죄자 중 한 사람에게 구원을 베푸셨다(눅 23:42-43).

유혹을 받으셨지만 죄는 없으심

그리스도는 유혹을 받으셨지만 죄는 없으셨다(히 2:18, 4:15, 벧전 2:22).

스스로 아무것도 하지 않으심

주님은 스스로 아무것도 하지 않으신다고 말씀하셨다(요 5:19, 30상, 8:28). 이것은 그분께서 자신을 장사된 사람으로 여기셨기 때문이다.

스스로 어떤 말도 하지 않으심

주님은 자신의 말을 하지 않으셨다. 그분은 아버지의 말씀을 말해 내셨다(요 14:10상).

그분 자신의 뜻을 구하지 않으시고
하나님의 뜻을 구하심

그분은 자신의 뜻을 구하지 않으시고 하나님의 뜻을 구하셨다(요 5:30하, 6:38, 마 26:39, 42). 그분은 마태복음 26장 39절에서 "나의 아버지, 하실 수만 있으시다면, 이 잔을 나에게서 지나가게 해 주십시오. 그러나 나의 뜻대로 하지 마시고 아버지 뜻대로 하십시오."라고 말씀하셨고, 42절에서 "나의 아버지, 내가 마시지 않고는 이 잔이 나에게서 지나갈 수 없다면, 아버지의 뜻대로 하십시오."라고 말씀하셨다.

죽기까지, 심지어 십자가에서 죽기까지
하나님께 순종하심

빌립보서 2장 8절은 주님께서 하나님께 순종하시어 죽기까지 하셨고, 심지어 십자가에서 죽으셨다고 말한다.

그분 자신을 따라 살 자유가 없으심

주님은 그분 자신을 따라 살 자유가 없으셨다. 그분은 그분의 형제들에게 "나의 때는 아직 이르지 않았지만, 여러분의 때는 항상 준비되어 있습니다."(요 7:6)라고 말씀하셨다. 요한복음 7장 8절에서 주님은 "여러분은 명절을 지내러 올라가십시오. 나의 때가 아직 차지 않았으므로, 내가 지금은 이 명절을 지내러 올라가지 않겠습니다."라고 말씀하셨다. 주님은 이 땅 위에서 한 사람으로서 사시면서 심지어 시간의 문제에서도 제한을 받으셨다. 이것은 우리가 무언가를 행하기 전에 주님을 접촉해야 한다는 것을 보여 준다. 우리는 "주님, 저에게는 한 형제를 만나러 갈 부담이 있습니다. 지금이 합당한 때입니까?"라고 기도할지 모른다. 내가 종종 이렇게 기도했을 때 주님은 기다려야 한다고 말씀하셨다. 나에게는 한 형제를 도울 부담이 있었지만, 그때 주님은 그것을 허락하지 않으셨다. 우리는 합당한 때를 기다리는 공과를 배워야 한다. 우리는 자신의 선호에 따라 행하지 않는 것을 배워야 한다.

찬송가 382장 1절은 그리스도에 관하여 "영원무궁한 한계 떠나서 / 시간에 제한되셨네"라고 말한다. 그분은 영원 안에서 무한한 하나님이셨지만, 이 땅에서는 시간과 공간에 제한받는 한 사람이 되셨다. 그분은 약 삼십 년 동안 나사렛의 한 마을에 사시면서 제한을 받으셨다. 우리는 그렇게 제한받을 수 있는가? 우리는 많은 장소를 방문하고자 하는 부담을 가질 수 있다. 그러나 주님은 우리가 그렇게 하는 것을 원하지 않으실지 모른다. 우리는 반드시 제한받는 공과를 배워야 한다.

아버지와 동역하심

주 예수님께서 행하신 모든 것은 아버지의 경륜의 성취를 위해, 그분 안에 거하시고 일하시는 아버지와 동역하심 안에서 행하신 것이었다. 요한복음 14장 10절 하반절에서 주님은 "내가 여러분에게 하는 말은 내 스스로 하는 것이 아니라, 내 안에 거하시는 아버지께서 그분의 일을 하시는 것입니다."라고 말씀하셨다. 이것은 그분께서 그분 안에 사시고 일하시는 아버지와 동역하셨음을 나타낸다.

인성의 미덕 안에서
하나님의 속성을 표현하시기 위해
하나님을 나타내심

그분께서 이 땅에서 사신 삶은 전적으로, 인성의 미덕 안에서 하나님의 속성을 표현하도록 하나님을 나타내기 위한 것이었다(딤전 3:16상). 사람들이 그분의 미덕들을 보았을 때 하나님의 속성을 보았으며 그것은 하나님의 나타나심이었다. 우리는 모든 사람을 접촉하는 데서, 이러한 모든 항목을 매일의 생활에 적용해야 한다.

9

첫 번째 하나님-사람의 생활 — 구유에서 십자가까지 (5)

The First God-man's Living—
from the Manger to the Cross (5)

제9장

첫 번째 하나님-사람의 생활 — 구유에서 십자가까지 (5)

성경: 마 3:16, 히 1:9, 행 10:38, 눅 4:18-19, 마 12:18, 28, 4:1-2, 눅 4:1, 요 3:34, 계 1:5, 3:14, 딤전 3:16, 히 9:14

개요

Ⅳ. 그분의 사역 안에서.

D. 사역을 위한 그분의 움직임.

1. 그 영의 기름부음 아래.

a. 그분께서 물에서 침례 받으신 후, 하나님은 비둘기같이 그분 위에 내려오신 그 영으로 그분께 기름 부으셨다 — 마 3:16.

b. 큰 기쁨의 기름으로 하나님께 기름부음을 받으시어 그분의 동반자들 위에 있게 되셨다 — 히 1:9.

c. 성령과 능력으로 하나님께 기름부음을 받으셨다 — 행 10:38상.

d. 주님의 영께서 그분 위에 임하셨다 — 눅 4:18상.

e. 하나님은 그분의 영을 그리스도 위에 두셨다 — 마 12:18상.

f. 성령께 이끌리시어 사십 일 동안 마귀의 유혹을 받으셨다 — 마 4:1-2, 눅 4:1.

g. 하나님에 의해 보내어지신 분으로서 하나님의 말씀을 하시며 그 영을 한량없이 주셨다 — 요 3:34.

h. 두루 다니시며 좋은 일을 하시고 마귀에게 억압받고 있는 사람들을 모두 고쳐 주셨다 — 행 10:38하.

i. 가난한 이들에게 복음을 전하셨고, 포로 된 이들에게 해방을 선포하셨으며, 눈먼 이들에게 시력의 회복을 선포하셨고, 억눌린 이들에게 자유를 주셨다 — 눅 4:18-19.

j. 정의를 이방인들에게 알리셨다 — 마 12:18하.

k. 하나님의 왕국이 올 수 있도록 하나님의 영에 의해 귀신들을 쫓아내셨다 — 마 12:28.

l. 하나님을 신실하게 증언하셨다 — 계 1:5, 3:14.

m. 그 영 안에서 의롭게 되셨다 — 딤전 3:16.

n. 영원하신 영을 통해 흠이 없는 자신을 하나님께 드리신 그리스도는 우리가 살아 계신 하나님을 섬기게 하시기 위하여 죽은 행실에서 벗어나도록 그분의 피로 우리의 양심을 정결하게 하셨다 — 히 9:14.

2. 하나님께 기름부음 받으신 분, 메시아, 그리스도이신 하나님-사람께서 하나님의 영의 기름부음 아래 움직이셨다. 이것은 그분께서 이 땅에서 육체 안에 계시는 동안 하나님-사람의 사역 안에서 하나님의 영원한 경륜을 성취하신 것이다.

3. 첫 번째 하나님-사람이신 그리스도는 한 면으로, 그분 안에 거하시고 일하시는 아버지에 의해 사셨고, 다른 면으로 그 영에 의해 움직이시고 사역하셨다. 이것은 첫 번째 하나님-사람의 생활이 과정을 거치신 삼일 하나님께서 그리스도의 이 땅에서의 인간 생활 안에서 실지로 살고 움직이신 것임을 가리킨다.

사역을 위한 그분의 움직임

우리는 사역을 위한 그리스도의 생활을 보았다. 이제 그분의 사역을 위한 그분의 움직임을 보고자 한다. 사역을 위한 그분의 생활은 그분의 생명과 관련된다. 사역을 위한 그분의 움직임은 그분의 일과 관련된다. 십자가는 그리스도의 생활의 중심이었다. 그 영은 그분의 일의 중심이셨다. 십자가가 먼저 왔고, 이어서 그 영께서 오셨다.

그 영의 기름부음 아래

그리스도는 그분의 일을 위한 움직임에서 전적으로 그 영의 기름부음 아래 계셨다.

하나님은 그 영으로 그분께 기름 부으심

그분께서 물에서 침례 받으신 후, 하나님은 비둘기같이 그분 위에 내려오신 그 영으로 그분께 기름 부으셨다(마 3:16). 그분께서 침례 받으신 것은 십자가를 취하시어 육체에 속한 사람을 죽음에 넘기시고 장사 지내셨음을 상징한다. 십자가 후에 하나님은 그 영으로 그분께 기름 부으셨다. 이것은 신성한 삼일성의 운행을 보여 준다. 아버지는 비둘기같이 그분 위에 내려오신 그 영으로 그분께 기름 부으셨다. 이 기름부음은 그리스도를 그분의 일을 위해 장비시키고 그분의 전쟁을 위해 무장시켰다. 그리스도는 싸우실 때 폭탄이 아니라 비둘기를 무기로 사용하신다. 일하실 때도 도끼가 아니라 비둘기를 도구로 사용하신다. 오늘날 우리는 하나님의 왕국을 위해 싸우며 그리스도를 위해 일한다. 그러나 비둘기가 우리의 무기이며 도구임을 기억해야 한다. 그리스도는 한 마리 비둘기로서 붙잡히셨고 유대인의 공회 앞에서 심판받으실 때에도 한 마리의 비둘기로서 심판받으셨다. 그분은 빌라도와 헤롯과 로마 정부 앞에서 한 마리 비둘기이셨다. 그분은 비둘기로서 싸우셨고 일하셨다. 오늘날 우리는 전투하고 일하며 수고하며 분투하고 있다. 그러나 우리의 무기와 도구는 비둘기여야 한다. 비둘기는 두 눈을 갖고 있지만 한 번에 오직 하나만 볼 수 있다. 이것은 우리가 단일한 관점을 가져야 하고, 하나님께 집중하여 끊임없이 그분을 신뢰해야 함을 뜻한다.

큰 기쁨의 기름으로
하나님께 기름부음을 받으심

그리스도는 큰 기쁨의 기름으로 하나님께 기름부음을 받으시어 그분의 동반자들 위에 있게 되셨다(히 1:9). 우리가 하나님께 기름부음을 받는다면 크게 기뻐할 것이다. 그분은 큰 기쁨의 기름으로 기름부음을 받으시어 그분의 동반자들 위에 있게 되셨다. 우리는 그분과 비교될 수 없다. 베드로와 바울도 그분과 비교될 수 없다. 그분은 이 기름부음의 문제에서 누구보다도 뛰어나신 분이시다.

성령과 능력으로 하나님께 기름부음을 받으심

사도행전 10장 38절 상반절은 하나님께서 예수님께 성령과 능력으로 기름 부으셨다고 말한다. 오늘날 하나님의 영은 매우 강력하다. 그 누구도 온 땅을 정복하는 그분의 능력을 측량할 수 없다.

주님의 영께서 그분 위에 임하심

누가복음 4장 18절 상반절은 주님의 영께서 그분 위에 임하셨다고 말한다.

하나님은 그분의 영을 그리스도 위에 두심

마태복음 12장 18절 상반절에서 하나님은 그리스도에 관해 "내가 나의 영을 그의 위에 둘 것이고"라고 말씀하셨다. 하나님은 그러한 능력의 영을 이 땅 위에서 육체 안에 계셨던 그리스도 위에, 바로 이 친절하고 온유하며 겸손한 사람 위에 두셨다.

성령께 이끌리심

그분은 성령 아래 계셨을 뿐 아니라 성령께 이끌리시어 사십 일 동안 마귀의 유혹을 받으셨다(마 4:1-2, 눅 4:1). 이 우주 안에 오직 하나님의 대적인 마귀만이 하나님과 이러한 거래를 할 수 있다. 하나님은 사탄을 패배시킬 의도로 그분의 아들을 사람으로 보내셨지만, 하나님의 영은 이분을 이끄시어 마귀에게 유혹받도록 하셨다. 이것은 사십 일 동안의 하나의 시험이었다. 수 세기에 걸쳐 선택받은 모든 하나님의 노예들이나 종들이 마귀에게 먼저 시험받았다. 우리는 하나님의 부르심에 응답하면 자신이 잘될 것이라고 생각해서는 안 된다. 우리가 만나게 되는 첫 번째 일은 번영이 아니라 시험일 것이다. 시험은 달콤하지 않으며 힘든 것이다. 우리는 도망칠 수 없다. 우리는 반드시 이 시험을 통과해야 한다.

하나님의 말씀을 하시며 그 영을 한량없이 주심

그리스도는 하나님에 의해 보내어지신 분으로서, 하나님의 말씀을 하시며 그 영을 한량없이 주셨다(요 3:34). 그 영은 하나님에 의해 그분께 주어지셨고, 그분은 그 영을 한량없이 주신다. 그 영은 우리 안에 무한히 계신다. 그리스도는 그 영과 함께 말씀하시는 분이시다. 그분은 하나님의 말씀을 하실 때 그 영을 한량없이 주신다. 우리는 말씀을 말할 때 그 영을 공급하고 분배해야 한다. 그 영의 분배하심이 없다면, 우리의 말은 빈껍데기이고 죽음일 것이다. 우리가 말씀을 말해 낼 때 그 영을 공급하지 않는다면, 우리가 말해 낸 말씀은 죽은 문자일 것이다. 우리는 단지 한 메시지를 들었을지 모르지만, 주님의 말씀하심을 통해 그 메시지 안에서 주님께 그 영을 한량없이 받는다. 말씀을 듣기 위해 집회에 나오는 것은 헛되지 않다. 우리가 하나님의 말씀을 들을 때 하나님의 영은 말씀과 함께 한량없이 오신다. 메시지 하나만을 들었을지 모르지만 우리가 받은 그 영의 분량은 무한하다.

두루 다니시며 좋은 일을 하시고
마귀에게 억압받고 있는 사람들을 모두 고쳐 주심

마귀가 그분을 유혹했지만 그분은 마귀를 패배시키셨다. 그때로부터 그분은 두루 다니시며 좋은 일을 하시고 마귀에게 억압받고 있는 사람들을 모두 고쳐 주셨다(행 10:38하). 그분은 먼저 마귀를 패배시키셨다. 그러고 나서 그분은 억압받는 이들을 해방하시기 위해 마귀를 패배시키러 나가셨다.

가난한 이들에게 복음을 전하심

그리스도는 가난한 이들에게 복음을 전하셨고, 포로 된 이들에게 해방을 선포하셨으며, 눈먼 이들에게 시력의 회복을 선포하셨고, 억눌린 이들에게 자유를 주셨다(눅 4:18-19).

정의를 이방인들에게 알리심

마태복음 12장 18절 하반절은 그분께서 정의를 이방인들에게 알리신다고 말한다. 여기서 '정의'는 모든 것을 포함하신 그리스도를 가리킨다.

우리가 그리스도를 가진다면 우리에게는 정의와 평안이 있다. 불의가 있는 곳에는 평안과 만족이 없다. 세상의 나라들은 불의하기 때문에 서로 다투며 싸운다. 어느 누구도 만족하지 않는다. 정의는 그리스도께서 우리를 만족시키심을 뜻한다. 우리에게 그리스도께서 계실 때 우리는 만족하게 되고 다른 사람들과의 다툼이 종결된다. 우리가 그리스도께서 모든 것이심을 사람들에게 알릴 때, 그리스도는 그들을 만족시키시고 그들에게 정의를 이끌어 오신다. 우리와 다른 사람 사이에 불의하다는 느낌이 있다면, 이것은 우리에게 그리스도가 부족함을 가리킨다. 우리는 더 많은 그리스도를 얻어야 한다. 그럴 때 거기에 정의가 있다.

하나님의 영에 의해 귀신들을 쫓아내심

그리스도는 하나님의 왕국이 올 수 있도록 하나님의 영에 의해 귀신들을 쫓아내셨다(마 12:28).

하나님을 신실하게 증언하심

요한계시록 1장 5절과 3장 14절은 그리스도께서 신실한 증인이시라고 말한다. 그분께서 하나님을 표현하신 것이 곧 하나님을 증언하신 것이었다. 많은 사람이 그분께서 누구이신지를 궁금하게 여겼다. 그분은 하나님이셨고 하나님을 증언하셨다.

그 영 안에서 의롭게 되심

디모데전서 3장 16절은 그분께서 그 영 안에서 의롭게 되셨다고 말한다. 그분은 사람들에게 반대와 박해와 거절을 당하셨지만 그 영 안에서 의롭게 되셨다. 그 영 안에 계신 분이신 그분을 누구도 유죄판결 하거나 비난할 수 없었다.

영원하신 영을 통해
흠이 없는 자신을 하나님께 드리심

영원하신 영을 통해 흠이 없는 자신을 하나님께 드리신 그리스도는 우리가 살아 계신 하나님을 섬기게 하시기 위하여 죽은 행실에서 벗어나도록 그분의 피로 우리의 양심을 정결하게 하셨다(히 9:14). 그리스도께서 자신을 하나님께 드리셔서 십자가에 못 박히시고 구속을 이루시어, 우리가 살아 계신 하나님을 섬기도록 돌아오게 하신 것은 놀라운 일이다. 겟세마네 동산에서의 그분의 기도에서 볼 수 있듯이 이것은 인성 안에 계신 그분께는 어려운 일이었다. 그분은 아버지께 만약 하실 수만 있으시다면 죽음의 잔을 그분에게서 지나가게 해 달라고 세 번 기도하셨지만, "그러나 나의 뜻대로 하지 마시고 아버지 뜻대로 하십시오."라고 기도를 마치셨다(마 26:39-44). 이것은 육체 안에 계셨던 그리스도께서 인성 안에서 쉽지 않은 고난을 받고 계셨음을 가리킨다. 그분은 그 영의 강화하심이 필요하다는 것을 깨달으셨고, 따라서 그분의 인성을 포함한 그분 자신을 영원하신 영을 통해 하나님께 드리셨다. 그분께서 구속으로 성취하신 것은 영원하다. 왜냐하면 그 구속이 영원하신 영을 통해 이루어졌기 때문이다. 이것은 그분께서 모든 것을 그 영을 통해 하셨음을 가리킨다.

하나님-사람의 사역 안에서
하나님의 영원한 경륜을 성취하심

하나님께 기름부음 받으신 분, 메시아, 그리스도이신 하나님-사람께서 하나님의 영의 기름부음 아래 움직이셨다. 이것은 그분께서 이 땅에서 육체 안에 계시는 동안 하나님-사람의 사역 안에서 하나님의 영원한 경륜을 성취하신 것이다.

아버지에 의해 사시고 그 영에 의해 움직이심

첫 번째 하나님-사람이신 그리스도는 한 면으로, 그분 안에 거하시고 일하시는 아버지에 의해 사셨고(요 14:10), 다른 한 면으로 그 영에 의해 움직이시고 사역하셨다. 요한복음 14장 10절은 "내가 아버지 안에 있고 아버지께서 내 안에 계시는 것을, 그대가 믿지 않습니까? 내가 여러분에게 하는 말은 내 스스로 하는 것이 아니라, 내 안에 거하시는 아버지께서 그분의 일을 하시는 것입니다."라고 말한다. 이 말씀은 그리스도께서 일하시는 동안에 아버지께서 그리스도 안에 거하심으로 일하고 계셨음을 증명한다. 그분께서 아버지에 의해 사시고 그 영에 의해 사역하신 것은 첫 번째 하나님-사람의 생활이 과정을 거치신 삼일 하나님께서 그리스도의 이 땅에서의 인간 생활 안에서 실지로 살고 움직이신 것임을 가리킨다.

10

첫 번째 하나님-사람의 생활 — 기도의 사람 (1)

The First God-man's Living—
a Man of Prayer (1)

제10장

첫 번째 하나님-사람의 생활 — 기도의 사람 (1)

성경: 빌 3:12-14, 8, 요 10:30, 행 10:38하, 요 8:29, 16:32, 벧전 2:23하, 눅 23:46, 요 14:30하, 마 3:13-4:11, 6:5, 16, 17:21, 행 13:2-3

개요

I. 기도의 사람.

A. 하나님께 평범한 기도를 드리는 평범한 사람으로서의 기도의 사람이 아니셨다.

B. 하나님께 종교적인 방식으로 기도하는 독실한 사람, 소위 경건한 사람으로서의 기도의 사람이 아니셨다.

C. 신성한 것들을 성취하고 획득하기 위해 하나님께 기도하는, 하나님을 추구하는 사람으로서의 기도의 사람이 아니셨다.

D. 탁월하신 그리스도를 얻기 위해 필사적으로 기도하는, 다만 그리스도를 추구하는 사람으로서의 기도의 사람도 아니셨다 — 빌 3:12-14, 8.

E. 그 대신 육체 안에 있는 한 사람으로서 신성하고도 비밀한 영역 안에서, 비밀하신 하나님께 기도하는 사람이셨다. 이분은 다음과 같은 사람이셨다.

1. 하나님과 하나이셨다 — 요 10:30.
2. 끊임없이 하나님의 임재 안에 사셨다 — 행 10:38하, 요 8:29, 16:32.
3. 어떤 고난이나 박해가 있어도 자신이 아닌 하나님을 신뢰하셨다 — 벧전 2:23하, 눅 23:46.
4. 이분 안에서 세상의 통치자인 사탄은 아무것도(어떤 것에서도 아무 입지나 기회나 소망이나 가능성을) 갖지 못했다 — 요 14:30하.

Ⅱ. 천국에서는 왕-구주이시고, 하나님의 복음의 봉사에서는 노예-구주이시며, 하나님의 구원에서는 사람-구주이신 첫 번째 하나님-사람에 관하여 공관 복음서에 기록된, 첫 번째 하나님-사람의 비밀스러운 인간 생활 안에 있는 신성한 사실들.

A. 그분은 물속에서 침례 받으시고, 하늘로부터 하나님께 기름부음 받아 천국을 이 땅에 이끌어 오는 큰 위임을 받으신 후, 그 영의 인도 아래 광야로 가시어 사십 일 밤낮을 금식하셨다 — 마 3:13-4:11.

1. 그분은 분명 다음과 같이 느끼셨을 것이다.
   a. 아버지께서 천국에 관해 그분께 주신 신성한 위임은 그분께 크고 중대한 부담이었다.
   b. 그분은 땅에 있는 타락한 아담의 족속에게 어떻게 아버지의 천국을 이끌어 오실 것인지에 관해 아버지의 조언을 구할 필요가 있으셨다.
2. 금식할 때의 일반적인 실행에 따르면, 금식은 항상 기도를 동반했다 — 마 6:5, 16, 17:21, 행 13:2-3.
3. 그러나 첫 번째 하나님-사람께서 금식하실 때 사십 일 동안 낮이든 밤이든 기도를 동반하셨다는 언급이 없다.
4. 우리는 여기에 기도가 반드시 동반되었음을 믿어야 한다.

그러나 이것은 은밀히 비밀로 지켜졌고, 우리로서는 그 내용이 무엇인지 알기가 불가능하다.

5. 이것은 첫 번째 하나님-사람의 기도가 신성하고도 비밀한 영역 안에 있었음을 가리킨다.

이 장에서는 기도의 사람이신 그분을 봄으로써 첫 번째 하나님-사람의 생활에 대한 교통을 계속하고자 한다.

기도의 사람

주님은 기도의 사람으로서 사셨다. 그분은 평범한 기도를 드리는 평범한 사람으로서 살지 않으셨고, 하나님께 종교적인 방식으로 기도하는 독실한 사람, 소위 경건한 사람으로서 살지 않으셨으며, 신성한 것들을 성취하고 획득하기 위해 하나님께 기도하는, 하나님을 추구하는 사람으로서 살지도 않으셨다. 그분은 탁월하신 그리스도를 얻기 위해 필사적으로 기도하는, 다만 그리스도를 추구하는 사람으로서의 기도의 사람도 아니셨다(빌 3:12-14, 8). 그 대신 그분은 육체 안에 있는 한 사람으로서 신성하고도 비밀한 영역 안에서, 비밀하신 하나님께 기도하는 사람이셨다. 복음서는 그분께서 종종 산에 올라가시거나 한적한 곳으로 물러가셔서 기도하셨음을 말해 준다(마 14:23, 막 1:35, 눅 5:16, 6:12, 9:28).

내가 배운 것에 따르면, 그리스도를 추구하는 사람으로서 우리는 탁월하신 그리스도를 얻기 위해 필사적으로 기도할지 모른다. 그러나 이것도 복음서에 계시된 기도의 사람의 완전한 본이 아니다. 그리스도를 추구하는 사람이라면 자신이 매우 특별하며 영적이라고 생각할 것이다. 그러나 나는 기도의 사람이신 첫 번째 하나님-사람을 묘사하는 데 '영적인'이라는 말을 사용하기를 피했다. 대신에 '신성한'과 '비밀한'이라는 말을 사용했다. '신성한'은 하나님 편에서 말한 것이고 '비밀한'은 사람 편에서 말한 것이다. 한 면으로 예수님은 육체 안에 계신 한 사람이셨지만, 신성하고도 비밀한 방식과 영역 안에서 비밀하신 하나님께 기도드리셨다.

그분은 기도의 사람이셨고, 하나님과 하나인 사람이셨다(요 10:30). 우리는 그리스도를 추구하는 사람으로서 그리스도를 얻기 위해 필사적으로 기도할 수 있지만, 하나님과 하나가 아닐 수 있다. 또한 그분은 한 사람으로서 끊임없이 하나님의 임재 안에 사셨다(행 10:38하, 요 8:29, 16:32). 그분은 우리에게 결코 혼자 계시지 않고 아버지께서 그분과 함께하신다고 말씀하셨다. 매 순간 그분은 아버지의 얼굴을 바라보셨다. 우리는 그리스도를 추구하겠지만, 매우 친밀하고도 끊임없이 하나님의 임재 안에 살지 못할 수 있다. 또한 어떤 고난이나 박해가 있어도 그분은 자신이 아닌 하나님을 신뢰하셨다. 베드로전서 2장 23절 하반절은 그분께서 고난을 받는 가운데서도 위협하는 말씀을 하지 않으셨으며, 의롭게 심판하시는 분께 계속 모든 것을 맡기셨다고 말한다. 누가복음 23장 46절은 그분께서 십자가에서 죽으실 때, "아버지, 나의 영을 아버지 손에 맡깁니다."라고 기도하셨다고 말한다. 우리는 매일의 생활 가운데 어려움이 올 때마다 하나님을 신뢰하는가? 어느 정도는 신뢰하겠지만 전적으로 신뢰하지는 못할 것이다.

요한복음 14장 30절에서 주님은 "이 세상의 통치자가 오고 있기 때문입니다. 그러나 그는 내 안에서 아무것도 가질 수 없습니다."라고 말씀하셨다. 이것은 주 예수님 안에서는 세상의 통치자인 사탄이 어떤 것에서도 아무 입지나 기회나 소망이나 가능성을 갖지 못했음을 뜻한다. 우리가 빛 비춤을 받는다면, 사탄이 우리 안에서 너무나 많은 것들을 차지하고 있음을 인정할 것이다. 사탄은 많은 것들에서 입지와 기회와 소망과 가능성을 갖고 있다. 그러나 여기 있는 기도의 사람은 세상의 왕인 사탄이 그분 안에서 아무것도 가질 수 없다고 말씀하셨다. 이것은 온 성경 가운데 특별한 문장이다. 이처럼 그리스도는 기도의 사람으로서 하나님과 하나이신 분이셨으며, 끊임없이 하나님의 임재 안에 사셨고 고난과 박해 가운데서도 하나님을 신뢰하셨다. 사탄은 그분 안에서 아무 것도 가질 수 없었다.

첫 번째 하나님-사람의 비밀스러운 인간 생활 안에 있는 신성한 사실들

주님의 모든 기도가 신성한 사실들이다. 우리는 자신의 기도에 신성한 사실들이 있는지 물어볼 필요가 있다. 어떤 아내는 남편이 일자리를 잃어 주님께 가정을 돌보아 달라는 기도를 할지 모른다. 그러한 기도는 신성하지 않다. 그 대신 그녀는 "주님, 저는 한 주부로서 우리가 당신의 손 아래에 있는 것으로 인해 당신을 찬양하며 당신께 감사드립니다. 이러한 상황 가운데 우리는 당신을 신뢰합니다."라고 기도할 수 있다. 이것이 신성한 기도이다. 우리가 "주님, 오늘날 러시아로 사람을 보낼 큰 필요가 있습니다."라고 기도한다면 이것은 신성한 기도가 아니다. 그 대신에 우리는 "주님, 러시아로 당신의 회복을 확장하심에 감사드립니다. 주님, 이것이 당신의 움직임입니다."라고 기도해야 한다. 이것이 신성한 기도이다.

요한복음 17장에 있는 주님의 기도를 고려한다면, 우리는 무엇이 신성한 기도인지를 알 수 있다. 우리의 필요를 위해 기도할 수 있지만, 그것에 대해 신성한 방식으로 기도해야 한다. 우리는 인간적인 기도가 아닌 신성한 기도를 해야 한다. 그리스도께서 하신 모든 기도가 그분의 비밀스러운 인간 생활 안에 있는 신성한 사실들이었다. 우리는 사람이지만, 우리 안에 무언가 비밀스러운 것이 있음을 사람들이 느낄 수 있어야 한다. 학교 친구들이나 동료들이 우리 안에 이해할 수 없는 무언가가 있음을 느끼도록 해야 한다. 이것은 우리가 비밀스럽기 때문이다. 요한복음 17장에 기록된 기도를 하신 분은 육체 안에 있는 한 사람, 나사렛 사람 예수님이셨지만 그분의 기도는 비밀한 것이었다.

아들을 잃은 어떤 자매가 왜 주님을 사랑할수록 잃는 것이 많아 보이는지 이해할 수 없다고 말한 적이 있다. 그녀는 "주님, 제가 당신을 사랑하는 것을 모르십니까? 왜 당신은 저의 아들을 데려가셨습니까?"라고 기도했다. 이것은 인간적인 기도일 뿐 아니라 육체에 속한 기도이다. 우리는 이러한 빛에 근거하여 자신의 기도를 고려해 보아야 한다. 우리는 인간적이고 육체에 속한 기도, 신성하지 않은 기도를 많이 한다. 요한복음 17장에 있는 기도보다 높은 기도는 없다. 그분은 "아버지, 때가 왔습니다. 아들을 영광스럽게 하셔서 아들이 아버지를 영광스럽게 하도록 하여 주십시오."(1절)라고 기도하셨다. 그리스도의 기도는 신성하다. 그분은 십자가에서 죽어 가실 때 "아버지, 저 사람들을 용서하여 주십시오. 그들은 자기들이 무슨 일을 하고 있는지 알지 못합니다."(눅 23:34)라고 기도하셨다. 그분은 자신을 십자가에 못 박은 사람들을 용서해 달라고 아버지께 기도하셨다. 그것은 신성하고도 비밀한 것이다.

우리는 공관 복음서에서 첫 번째 하나님-사람의 비밀스러운 인간 생활 안에 있는 신성한 사실들을 보려고 한다. 그분은 물속에서 침례 받으시고, 하늘로부터 하나님께 기름부음 받아 천국을 이 땅에 이끌어 오는 큰 위임을 받으신 후, 그 영의 인도 아래 광야로 가시어 사십 일 밤낮을 금식하셨다(마 3:13-4:11). 분명 그분은 아버지께서 천국에 관해 그분께 주신 신성한 위임이 크고 중대한 부담이라고 느끼셨을 것이다. 그분은 땅에 있는 타락한 아담의 족속에게 어떻게 아버지의 천국을 이끌어 오실 것인지에 관해 아버지의 조언을 구할 필요가 있으셨다. 금식할 때의 일반적인 실행에 따르면, 금식은 항상 기도를 동반했다(마 6:5, 16,

17:21, 행 13:2-3). 그러나 첫 번째 하나님-사람께서 금식하실 때 사십 일 동안 낮이든 밤이든 기도를 동반하셨다는 언급이 없다. 그분께서 오랜 기간 금식하실 때 분명 동반되었을 그분의 기도에 관한 언급이 없다. 이것은 매우 의미심장하다. 우리는 여기에 기도가 반드시 동반되었음을 믿어야 한다. 그러나 이것은 은밀히 비밀로 지켜졌고, 우리로서는 그 내용이 무엇인지 알기가 불가능하다. 이것은 첫 번째 하나님-사람의 기도가 신성하고도 비밀한 영역 안에 있었음을 가리킨다.

기도의 사람이신 첫 번째 하나님-사람의 본은 우리가 모든 것을 신성한 방식으로 행해야 함을 보여 준다. 심지어 아내에 대한 남편의 사랑도 신성해야 하며 인간적이어서는 안 된다. 우리가 신발을 사고 머리를 자르는 방식도 신성해야 한다. 첫 번째 하나님-사람의 역사(歷史)에서 매우 중요한 부분은 그분의 기도이다. 그분의 모든 기도는 신성했지만, 그 기도들은 인간 생활 안에 있었고 인간 생활을 비밀하게 만들었다. 그분은 비밀한 인간 생활을 하셨다. 남편은 단지 영적으로만이 아니라 신성하게 아내를 사랑해야 한다. 이것은 자신의 방식이 아닌 하나님의 방식으로, 자신의 사랑이 아닌 하나님의 사랑으로 그녀를 사랑하는 것이다. 어떻게 육체 안에 있는 사람이 신성한 방식과 신성한 사랑으로 아내를 사랑할 수 있는가? 이것은 비밀하다. 우리는 신성하고도 비밀한 생활을 하는 사람들이 되어야 한다. 우리의 삶은 신성하고도 인간적이어야 한다. 단지 인간적일 뿐 아니라 비밀하고도 인간적이어야 한다. 이것이 거룩한 말씀 안에 계시된 것이다.

우리에게는 영성에 대한 관념이 있다. 영성에 대한 관념이 우리를 눈멀게 한다. 우리는 자신이 단지 영적이어서는 안 되고 신성하고도 비밀해야 한다는 것을 보아야 한다. 오늘날 모든 믿는 이들은 신성하고도 비밀한 사람이 되어야 한다. 우리는 신성하고 매우 비밀스러워야 한다. 심지어 주위에 있는 사람들이 우리 안에 비밀하고 이해할 수 없는 무언가가 있음을 느낄 수 있어야 한다. 우리가 비록 사람이지만 신성하게 사는 것이 그 열쇠이다. 참된 영성은 우리를 신성하게 만든다. 이것은 더 높은 것이다.

때로 우리는 젊은 자매가 간증하는 것을 들을 때, 그녀가 말하는 것이 신성하고도 비밀하다고 느낀다. 우리 생활 가운데 모든 것이 신성하고 비밀해야 한다. 이것이 주 예수님에게서 우리가 보는 것이다. 사람들이 그분께서 행하신 것을 보았을 때, 그들은 놀라며 "이 사람이 어디서 이러한 지혜와 능력의 일을 얻었습니까? 이 사람은 그 목수의 아들이 아닙니까?"(마 13:54-55)라고 말했다. 이것은 그분께서 행하신 모든 것이 신성하고도 비밀했기 때문이다. 하나님께서 그분을 통해 사셨다. 그분은 육체로 나타나신 하나님이셨다. 이것은 큰 비밀이다. 디모데전서 3장 16절은 경건의 위대한 비밀은 하나님께서 육체로 나타나신 것이라고 말한다. 신성한 분께서 비밀스럽고도 인간적인 방식으로 나타나셨다.

'하나님-사람'이라는 칭호는 예수님께서 사람이시며, 살아 계신 하나님이심을 분명히 가리킨다. 오늘 우리는 하나님-사람이다. 이것은 우리가 사람이지만 하나님을 살고 표현한다는 뜻이다. 우리는 사람이지만 우리 안에 사시는 분은 하나님이시다. 이것이 '하나님-사람'이라는 칭호의 의미이다. 하나님-사람의 생활은 사람이 하나님을 사는 것이다.

11

첫 번째 하나님-사람의 생활 — 기도의 사람 (2)

The First God-man's Living—
a Man of Prayer (2)

제11장

첫 번째 하나님-사람의 생활 — 기도의 사람 (2)

성경: 마 6:5-18, 7:7-8

개요

Ⅱ. 천국에서는 왕-구주이시고, 하나님의 복음의 봉사에서는 노예-구주이시며, 하나님의 구원에서는 사람-구주이신 첫 번째 하나님-사람에 관하여 공관 복음서에 기록된, 첫 번째 하나님-사람의 비밀스러운 인간 생활 안에 있는 신성한 사실들.

B. 천국의 왕이신 첫 번째 하나님-사람은 산 위에서 최고의 가르침을 주시면서 그분의 제자들에게 기도에 관해 두 번 가르치셨다.

1. 첫 번째는 그분께서 주신 최고의 가르침의 중심부에 있는데, 왕국 생활에서 중대한 것인 기도에 관한 하늘에 속한 이상을 제자들에게 계시하며, 네 가지 부정적인 명령이 경고로서 주어진다 — 마 6:5-18.

a. 기도: "하늘에 계신 우리 아버지, 아버지의 이름이 거룩히 여겨지도록 하시며, 왕국이 오게 하시며, 뜻이 하늘에서 이루어진 것같이 땅에서도 이루어지게 하십시오. 오늘 우리에게 일용할 양식을 주시고, 우리가 우리에게

죄 빚진 사람들을 용서하여 준 것같이 우리의 죄 빚을 용서하여 주시며, 우리를 유혹에 빠지지 않게 하시고 악한 자에게서 구출하여 주십시오. 왕국과 능력과 영광이 영원토록 아버지의 것입니다. 아멘."(마 6:9-13) 이 간단하지만 중대한 기도는 다음과 같은 것들을 다룬다.

1) 아버지의 거룩한 이름이 거룩히 여겨지도록 하심.
2) 아버지의 하늘에 속한 왕국이 오게 하심.
3) 아버지의 신성한 뜻이 하늘에서 이루어진 것같이 땅에서도 이루어지게 하심.
4) 우리의 필요를 채워 주심. 즉 우리에게 일용할 양식을 주심.
5) 우리가 우리에게 죄 빚진 사람들을 용서하여 준 것같이 아버지께서 우리의 죄 빚을 용서하여 주심.
6) 우리를 유혹에 빠지지 않게 하시고, 마귀 곧 악한 자에게서 구출하여 주심.
7) 왕국과 능력과 영광이 영원토록 아버지의 것임을 인정하시고 경건하게 찬양하심.

주(註): 이러한 중대한 기도는 의심할 여지 없이 우리가 아버지의 마음의 갈망인 천국을 더욱 강하게 추구하게 하고 은혜의 신성한 공급에 대한 우리의 필요를 충족하여, 아버지의 선한 기쁨을 위해 가장 높고도 엄격한 천국의 모든 요구를 이루게 한다.

b. 경고로서 주어진 네 가지 부정적인 명령 — 마 6:5-8, 14-18.

1) 그분의 제자들은 위선자들이 기도하는 것처럼 기도하지 말아야 한다. 그들은 육체에 속한 갈망의 정욕을 따라, 사람들에게 보이고 사람들에게서 영광을 받으려고 공공연히 과시하기를 좋아한다. 제자들은 골방에 들어가서 문을 닫고, 하늘에 계시는 아버지께

기도하여 은밀한 가운데 그분께 보이고 그분께 받아야 한다 — 마 6:5-6.

2) 말을 많이 해야 들으실 줄로 생각하고 빈말을 되풀이하는 이방인들처럼 기도하지도 말아야 한다. 제자들은 그들처럼 해서는 안 되는데, 이는 제자들의 아버지께서 그들이 그분께 구하기 전에 그들에게 필요한 것들을 아시기 때문이다 — 마 6:7-8.

3) 그분의 제자들이 사람들의 허물을 용서한다면 하늘에 계시는 그들의 아버지도 그들을 용서하실 것이지만, 그러지 않는다면 아버지도 그들의 허물을 용서하지 않으실 것이다. 이것은 그들이 하늘의 아버지께 드리는 기도를 무효화한다 — 마 6:14-15.

4) 그분의 제자들은 침울한 얼굴을 한 위선자들처럼 금식하지 말아야 한다. 그들은 금식하고 있는 것을 사람들에게 보이려고 얼굴을 흉하게 한다. 제자들은 금식할 때 머리에 기름을 바르고 얼굴을 씻어, 금식하는 것을 사람들에게 보이지 말고 은밀한 가운데 계시는 아버지께 보여야 한다. 그러면 그들의 아버지께서 그것을 보시고 갚으실 것이다 — 마 6:16-18.

2. 두 번째는 천국에 관한 그분의 최고의 가르침의 결론부에 있다. 그것은 그분께서 천국을 추구하는 사람들에게 마태복음 7장 7절과 8절에서 다음과 같이 약속하신 것이다.

a. "구하십시오(떨어져 있는 상태에서 기도하는 것을 가리킴). 그러면 여러분에게 주실 것입니다."

b. "찾으십시오(기도한 것을 추구함을 가리킴). 그러면 여러분이 찾아낼 것입니다."

c. "문을 두드리십시오(추구한 것의 목표에 도달함을 가리킴). 그러면 여러분에게 열어 주실 것입니다."

주(註): 이러한 약속은 천국을 추구하는 사람들에게 천국의 모든 축복 안으로 들어가는 열린 문이 주어질 것을 보증한다.

계속해서 우리는 기도의 사람이신 첫 번째 하나님-사람의 비밀스러운 인간 생활 안에 있는 신성한 사실들을 보고자 한다. 그분의 비밀스러운 인간 생활은 신성한 영역이었다. 이 영역은 하나님의 왕국이다. 참되고 합당한 기도는 다만 영적이어서는 안 되고 항상 신성해야 한다. 이것은 삼일 하나님께서 우리와 함께 기도하시고 우리는 삼일 하나님과 함께 삶으로써 기도해야 한다는 뜻이다. 그분은 우리 안에 내주하시며 우리와 하나이시다. 신약은 완결되신 영, 곧 생명 주시는 영이시자 그리스도의 영이신 하나님의 영께서 우리 안에 내주하심을 분명하게 계시한다(롬 8:2, 9-11). 디모데후서 4장 22절은 주님께서 우리 영과 함께 계신다고 말한다. 복합되시고 생명 주시는 영이신 완결되신 하나님께서 오늘 우리 안에 내주하신다. 의심할 바 없이 우리는 사람이지만, 우리에게 신성한 인격이 더해졌다.

영적인 사람이 되는 것만으로는 충분하지 않다. 우리는 하나님께서 그분 자신을 우리와 하나 되게 하셨고 우리를 그분과 하나 되게 하셨음을 보아야 한다. 따라서 우리 믿는 이들 각자는 하나님-사람이다. 이러한 의미에서 우리는 신격에서는 아니지만 생명과 본성에서 하나님이다. 이것은 우리가 그분에게서 태어나 그분의 종(種)이 되었기 때문이다(요 1:12-13). 우리는 그분과 같은 종류이다. 이러한 계시에 근거하여, 참된 기도는 신성한 표현이어야 함을 볼 수 있다. 우리 자신에 의해 기도한다면 그것은 인간의 표현이 될 것이다. 우리가 하나님과 함께 살고 그리스도와 함께 움직임으로써 기도한다면, 우리는 이 인격으로 기도할 것이며 우리의 기도는 신성할 것이다. 나는 이것이 최근 우리에게 주어진 새로운 계시라고 느낀다.

오직 신성한 사람만이 "하늘에 계신 우리 아버지, 아버지의 이름이 거룩히 여겨지도록 하시며"(마 6:9)라고 기도할 수 있다. 신성하고도 인간적인 인격은 하나의 비밀이다. 그분은 전적으로 비밀하시다. 우주 안에는 신성하고 비밀한 영역이 있다. 세상 사람들은 이 영역을 알지 못한다. 그들은 물질적이고 타락하고 죄악이 가득한 악한 세상 가운데 있다. 그러나 우리는 세속적인 데서 분별되었다. 우리는 거룩하신 우리 하나님께로 거룩하게 되었고 분별되었다. 이제 우리는 완결되신 영이라는 신성하고 비밀한 영역 안에 있다.

천국의 왕이신 첫 번째 하나님-사람은 산 위에서 최고의 가르침을 주시면서 그분의 제자들에게 기도에 관해 두 번 가르치심

마태의 기록은 천국의 왕–구주이신 첫 번째 하나님–사람에 관한 기록이다. 우리는 그분께서 사십 일 밤낮을 광야에서 금식하셨다는 신성한 사실을 보았다. 이제 우리는 그분께서 산 위에서 주신 기도에 관한 최고의 가르침을 보려고 한다. 많은 성경학자가 이것을 '산상 수훈'이라고 부르지만, 나는 '수훈'이라는 말을 좋아하지 않는다. 그 대신에 나는 '최고의 가르침'이라는 용어를 사용한다. 인류 역사에서 그 어떤 가르침도 이보다 높지 않다. 천국의 왕이신 첫 번째 하나님–사람은 산 위에서 최고의 가르침을 주시면서 그분의 제자들에게 기도에 관해 두 번 가르치셨다. 첫 번째는 그분의 최고의 가르침의 중심부에 있고, 두 번째는 그분의 최고의 가르침을 결론짓는다.

첫 번째는 왕국 생활에서 중대한 것인 기도에 관한 하늘에 속한 이상을 계시함

오늘날 많은 수의 소위 교회들이 마태복음 6장 5절부터 18절까지에 있는, 주님께서 가르치신 기도를 암송한다. 그러나 대부분은 자신이 암송하는 말씀의 참된 의미를 이해하지 못한다. 이 기도는 왕국 생활, 즉 천국 안에서의 생활에서 중대한 것이다. 이 기도에는 경고로서 주어진 네 가지 부정적인 명령이 따른다.

기도

그 기도는 다음과 같다. "하늘에 계신 우리 아버지, 아버지의 이름이 거룩히 여겨지도록 하시며, 왕국이 오게 하시며, 뜻이 하늘에서 이루어진 것같이 땅에서도 이루어지게 하십시오. 오늘 우리에게 일용할 양식을 주시고, 우리가 우리에게 죄 빚진 사람들을 용서하여 준 것같이 우리의 죄 빚을 용서하여 주시며, 우리를 유혹에 빠지지 않게 하시고 악한 자에게서 구출하여 주십시오. 왕국과 능력과 영광이 영원토록 아버지의 것입니다. 아멘."(마 6:9-13) 기도하는 사람은 하나님에게서 태어난 하나님의 자녀임이 틀림없다. 그러므로 그는 하나님을 자신의 아버지라고 부를 권위와 권리가 있다. 우리가 어떤 사람에게서 태어나지 않았다면 그 사람을 아버지라고 부를 수 없다. 우리는 우리를 낳으신 하늘에 계신 아버지를 가지고 있다. 이 간단하지만 중대한 기도는 많은 중요한 항목들을 다룬다.

아버지의 거룩한 이름이 거룩히 여겨지도록 하심

거룩하게 된다는 것은 모든 일반적인 것에서 분별되고 구별되는 것을 뜻한다. 타락한 땅 위에는 많은 거짓 신들이 있다. 세상 사람들은 우리의 하나님을 그러한 신들처럼 일반적인 존재로 여긴다. 우리가 아버지의 이름이 거룩히 여겨지도록 기도한다면, 이것을 말로만 해서는 안된다. 그분의 이름이 거룩히 여겨지도록 생활 가운데 그분을 표현해야 한다. 우리는 거룩한 생활, 즉 일반적인 것에서 분별된 생활을 매일 해야 한다. 그러한 기도는 우리가 속된 것에서 분별된 거룩한 사람들이 되기를 요구한다. 우리는 주위에 있는 모든 사람에게서 구별되고 분별되어야 한다. 다시 말해서 우리는 거룩해야 한다. 거룩하게 된 사람으로서 우리는 "아버지, 아버지의 이름이 거룩히 여겨지도록 하십시오."라고 기도해야 한다.

아버지의 하늘에 속한 왕국이 오게 하심

오늘날 세상은 하나님의 왕국이 아니라 원수의 왕국이다. 이것이 성경에서 사탄이 오늘날 이 세상의 통치자라고 말한 이유이다(요 12:31). 사탄의 왕국인 이 세상에는 의와 화평과 기쁨이 없다. 로마서 14장 17절은 왕국 생활의 실재는 의와 화평, 그리고 성령 안에 있는 기쁨이라고 말한다. 오늘날 사탄의 왕국 안에는 화평이 없으므로 기쁨이 없다. 국제 연합에서도 화평에 대해 항상 이야기하지만, 의가 없기 때문에 화평이 없다. 화평은 의의 결과이다. 베드로는 그의 두 번째 서신서에서, 매우 특별한 것인 의가 새 하늘들과 새 땅에 거한다고 말한다(벧후 3:13). 장차 올 왕국인 천년왕국에서 가장 중요한 것은 의일 것이다. 오늘날 세상에는 의가 없다. 이것은 세상이 악한 통치자인 사탄의 왕국이기 때문이다.

아버지의 신성한 뜻이 하늘에서 이루어진 것같이
땅에서도 이루어지게 하심

오늘날 사탄의 뜻은 이 땅 위에서 악한 자들을 통해 이루어지고 있다. 히틀러와 무솔리니와 스탈린은 오늘날 이 땅의 많은 통치자와 함께 사탄의 뜻을 수행하려 했다. 사탄의 뜻이 완전하게 이루어지지 않은 것으로 인해 주님께 감사드린다. 히틀러와 무솔리니와 스탈린은 모두 죽었다. 나폴레옹은 그의 뜻을 이루려 했지만 성공하지 못했다. 우리는 아버지의 신성한 뜻이 하늘에서 이루어진 것같이 땅에서도 이루어지도록 기도해야 한다. 이것은 하늘에 속한 다스림, 천국을 이 땅에 가져오는 것이다. 그럴 때 아버지의 뜻이 이 땅 위에서 반드시 이루어질 것이다.

이름과 왕국과 뜻, 이 세 가지는 한 분이신 삼일 하나님의 속성이다. 이름은 아버지의 것인데, 그것은 아버지께서 근원이시기 때문이다. 왕국은 아들께 속하고 뜻은 그 영께 속한다. 이렇게 기도하는 것은 삼일 하나님께서 하늘에서 승리하신 것처럼 이 땅에서도 승리하시기를 기도하는 것이다.

우리의 필요를 채워 주심.
즉 우리에게 일용할 양식을 주심

주님은 그분의 기도 안에서 우리의 매일의 필요를 돌보신다. 그분은 오직 그날의 양식을 위해 기도하도록 우리를 가르치신다. 우리는 내일이나 다음 달이 아니라 오늘 일용할 양식을 위해 기도한다. 그분은 자신의 백성이 내일에 대해 염려하기를 원하지 않으신다. 그분은 자신의 백성이 오늘의 필요만을 위해 기도하기를 원하신다. 내가 젊었을 때, 중국에 있던 우리 동역자들은 종종 물질적인 공급이 바닥났고 다음 날을 어떻게 살아야 할지 알지 못했다. 그러나 항상 무언가가 우리의 그날의 필요를 채워 주었다. 주님은 우리의 매일의 필요를 채우시는 데 신실하시다.

우리가 우리에게 죄 빚진 사람들을 용서하여 준 것같이
아버지께서 우리의 죄 빚을 용서하여 주심

우리는 주님의 기도에서 다른 사람과의 관계를 돌볼 필요가 있음을 본다. 우리는 우리의 죄 빚을 용서해 달라고 아버지께 구하는 것과 같이, 우리에게 죄 빚진 사람들을 용서해야 한다. 우리는 하나님께 죄 빚진 이들이고, 또한 우리에게 어떤 것을 빚진 사람들이 있다. 다른 사람들과 화평한 관계를 유지하기 위해 우리는 그들을 용서해야 한다. 이와 같이, 우리와 하나님 그리고 우리와 다른 사람을 분리하는 모든 원인을 처리해야 한다.

우리를 유혹에 빠지지 않게 하시고,
마귀 곧 악한 자에게서 구출하여 주심

우리를 돌보는 데 신실하신 우리 하나님은 마치 하나님의 영께서 주 예수님께 하셨던 것처럼 때때로 우리를 시험받는 상황 안으로 인도하신다(마 4:1). 그러나 우리는 우리의 약함을 알기에, "우리를 유혹에 빠지지 않게 해 주십시오."라고 기도해야 한다. 이것은 우리의 약함을 우리가 인식함을 가리킨다. 악한 자에게서 구해 주시도록 기도하는 것은 사탄을 처리하는 것이다. 주님의 기도는 삼일 하나님과 우리의 매일의 필요, 하나님과의 관계와 다른 사람들과의 관계, 그리고 또한 사탄을 다루고 있다.

왕국과 능력과 영광이 영원토록
아버지의 것임을 인정하시고 경건하게 찬양하심

아버지께 드리는 기도는 이렇게 결론을 맺는다. "왕국과 능력과 영광이 영원토록 아버지의 것입니다. 아멘."(마 6:13) 여기에는 아버지의 왕국과 능력과 영광에 대한 인정과 찬양이 있다. 이것은 또한 삼일 하나님을 가리킨다. 왕국은 아들께 속하며, 하나님께서 그분의 능력을 행사하시는 영역이다. 능력은 그 영께 속하며, 하나님의 의도를 수행하여 아버지께서 그분의 영광을 표현하실 수 있게 한다. 이것은 주님께서 가르쳐 주신 기도가 삼일 하나님 즉 아버지, 아들, 영의 순서로 시작되고, 또한 삼일 하나님 즉 아들, 영, 아버지의 순서로 끝남을 가리킨다. 이와 같이, 그분께서 최고의 가르침을 주시면서 가르치신 기도는 아버지 하나님으로 시작하여 아버지 하나님으로 끝난다. 아버지 하나님께서 시작과 끝이시고, 알파와 오메가이시다.

이러한 중대한 기도는 의심할 여지 없이 우리가 아버지의 마음의 갈망인 천국을 더욱 강하게 추구하게 하고 은혜의 신성한 공급에 대한 우리의 필요를 충족하여, 아버지의 선한 기쁨을 위해 가장 높고도 엄격한 천국의 모든 요구를 이루게 한다. 한 면으로 우리는 아버지의 마음의 갈망에 따른 것들을 추구한다. 다른 면으로는 아버지의 선한 기쁨을 위한 것들을 성취하도록 공급을 받는다.

경고로서 주어진 네 가지 부정적인 명령

위선자들이 기도하는 것처럼 기도하지 말아야 함

주님은 그분의 제자들에게 위선자들이 가면을 쓰고 기도하는 것처럼 기도하지 말아야 한다고 경고하셨다. 그들은 육체에 속한 갈망의 정욕을 따라, 사람들에게 보이고 사람들에게서 영광을 받으려고 공공연히 과시하기를 좋아한다. 그러나 제자들은 골방에 들어가서 문을 닫고, 하늘에 계시는 아버지께 기도하여 은밀한 가운데 그분께 보이고 그분께 보상을 받아야 한다(마 6:5-6). 우리는 은밀한 사람들이 되는 것을 배워야 한다. 우리는 골방에 들어가서 은밀한 가운데 보시는 아버지께 기도해야 하고, 사람들에게 공공연히 과시하기 위해 기도해서는 안 된다. 우리가 합당하게 기도한다면 하나님은 우리에게 보상으로 갚으실 것이다.

위선자들은 이미 그들의 보상을 받았다. 그러나 우리는 하나님께서 주시는 보상을 받기 원한다.

이방인들처럼 기도하지 말아야 함

말을 많이 해야 들으실 줄로 생각하고 빈말을 되풀이하는 이방인들처럼 기도하지 말아야 한다. 제자들은 그들처럼 해서는 안 되는데, 이는 제자들의 아버지께서 그들이 그분께 구하기 전에 그들에게 필요한 것들을 아시기 때문이다(마 6:7-8). 어떤 사람들은 말씀을 기도로 읽는 것이 반복적인 것이라고 비난한다. 그러나 기도로 읽는 것은 영적인 호흡이다. 호흡은 항상 반복적이다. 우리가 반복해서 숨을 쉬지 않는다면 죽게 될 것이다.

사람들의 허물을 용서함

그분의 제자들이 사람들의 허물을 용서한다면 하늘에 계시는 그들의 아버지도 그들을 용서하실 것이지만, 그러지 않는다면 아버지도 그들의 허물을 용서하지 않으실 것이다. 이것은 그들이 하늘의 아버지께 드리는 기도를 무효화한다(마 6:14-15).

침울한 얼굴을 한 위선자들처럼
금식하지 말아야 함

그분의 제자들은 침울한 얼굴을 한 위선자들처럼 금식하지 말아야 한다. 그들은 금식하고 있는 것을 사람들에게 보이려고 얼굴을 흉하게 한다. 제자들은 금식할 때 머리에 기름을 바르고 얼굴을 씻어, 금식하는 것을 사람들에게 보이지 말고 은밀한 가운데 계시는 아버지께 보여야 한다. 그러면 그들의 아버지께서 그것을 보시고 갚으실 것이다(마 6:16-18).

두 번째는 천국에 관한
그분의 최고의 가르침의 결론부에 있음

이제 우리는 주님께서 산 위에서 최고의 가르침을 주시면서 제자들에게 기도에 관해 두 번째로 가르치신 것을 보려고 한다. 이것은 천국에 관한 그분의 최고의 가르침의 결론부에 있으며, 그분께서 천국을 추구하는 사람들에게 마태복음 7장 7절과 8절에서 다음과 같이 약속하신 것이다. 주님은 "구하십시오(떨어져 있는 상태에서 기도하는 것을 가리킴). 그러면 여러분에게 주실 것입니다. 찾으십시오(기도한 것을 추구함을 가리킴). 그러면 여러분이 찾아낼 것입니다. 문을 두드리십시오(추구한 것의 목표에 도달함을 가리킴). 그러면 여러분에게 열어 주실 것입니다."라고 말씀하셨다. 이러한 약속은 천국을 추구하는 사람들에게 천국의 모든 축복 안으로 들어가는 열린 문이 주어질 것을 보증한다.

마태복음 5장부터 7장까지에 기록된, 산 위에서 주님께서 주신 최고의 가르침을 읽을 때 우리는 실망하면서 이러한 지극히 높고 엄격한 요구를 이룰 수 없다고 생각할지도 모른다. 그러므로 결론부에 사실상 하나의 약속과 같은 기도가 있다. 주님은 우리가 구하면 받을 것이고, 찾으면 찾아낼 것이며, 두드리면 열릴 것이라고 약속하셨다. 우리가 구하고 찾고 두드린다면, 천국 안에 있는 모든 축복 안으로 들어가 지극히 높고 엄격한 왕국 생활을 할 수 있을 것이다. 이러한 약속은 우리에게 지극히 높고 엄격한 요구들을 이루는 데 필요한 은혜를 공급한다. 천국의 축복들 안으로 들어가는 문이 우리에게 넓게 열릴 것이다.

12

첫 번째 하나님-사람의 생활 — 기도의 사람 (3)

The First God-man's Living—
a Man of Prayer (3)

제12장 첫 번째 하나님-사람의 생활 — 기도의 사람 (3)

성경: 마 9:36-10:4, 11:25-30

개요

Ⅱ. 천국에서는 왕-구주이시고, 하나님의 복음의 봉사에서는 노예-구주이시며, 하나님의 구원에서는 사람-구주이신 첫 번째 하나님-사람에 관하여 공관 복음서에 기록된, 첫 번째 하나님-사람의 비밀스러운 인간 생활 안에 있는 신성한 사실들.

C. 그분은 시달리며 내버려진 하나님의 양들에 대해 기도하라고 제자들에게 가르치셨다 — 마 9:36-10:4.

1. 하나님의 선민의 목자이신 첫 번째 하나님-사람은 하나님의 선민이 목자 없는 양처럼 시달리며 내버려진 것을 보시고는 불쌍히 여기셨으며, 제자들에게 수확의 주님께 수확할 일꾼들을 보내 주실 것을 간청하게 하셨다 — 마 9:36-38.
2. 그러고 나서 그분은 열두 제자를 열두 사도로 임명하여 보내시고, 그들에게 더러운 영들을 쫓아내고 온갖 질병을 치료하는 권위를 주셨다 — 마 10:1-4.

3. 이 경우에 대한 누가의 비슷한 기록에서 우리는 주님께서 친히 '기도하시러 산으로 가셔서, 밤새도록 하나님께 기도하셨다'는 것을 본다. 그다음 날 그분은 열두 사도를 세우셔서, 더러운 영들에게 시달리던 사람들을 방문하고 돌보며 치료하게 하셨다 — 눅 6:12-18.

D. 첫 번째 하나님-사람은 주변의 도시들이 그분의 가르침을 기꺼이 받아들이지 않고 회개하지 않는 것을 꾸짖으신 후에(마 11:20-24) 아버지께 기도하셨고, 이 기도에 근거하여 제자들에게 놀라운 가르침을 주셨다 — 마 11:25-30.

1. 그분께서 아버지께 드린 뛰어난 기도: "하늘과 땅의 주님이신 아버지! 아버지께서 이러한 것들을 지혜롭고 총명한 사람들에게는 숨기시고, 어린 아기들에게는 계시하셨으니, 아버지를 높이 찬양합니다. 그렇습니다. 아버지, 이렇게 된 것이 아버지 보시기에 매우 기쁜 일이었습니다." — 마 11:25-26.

   a. 첫 번째 하나님-사람은 그 도시들을 꾸짖으시는 동안, 기도로 아버지께 대답하시며 아버지와 교통하셨다.

   b. 그분은 하늘과 땅의 주님이신 아버지를 인정하시며 아버지를 높이 찬양하셨다.

   c. 그분은 아버지께서 마태복음 11장 27절에 언급된 '모든 것'을 지혜롭고 총명한 사람들에게는 숨기시고 어린 아기들에게는 계시하신 것에 대해 아버지를 높이 찬양하셨다.

   d. 그분은 이것이 아버지 보시기에 매우 기쁜 일임을 인정하시고 자신을 이것에 복종시키셨다.

2. 그분의 계시하는 가르침을 제자들에게 주셨다 — 마 11:27-30.

   a. 아버지에 의해 모든 것이 그분께 주어졌다.

   b. 아버지 외에는 아들을 온전히 아는 사람이 없고, 아들과 또 아들이 계시해 주고자 하는 사람 외에는 아버지를 온전히 아는 사람이 없다 — 마 11:27.

c. 그분은 수고하고 짐을 진 사람들은 다 그분에게 오라고 부르시며, 그들에게 안식을 주실 것이다 — 마 11:28.
d. 그분은 그분의 마음이 온유하고 겸허하므로, 그들에게 그분의 멍에를 메고 그분에게서 배우라고 명령하셨다. 그러면 그들의 혼이 안식을 얻게 될 것이다 — 마 11:29.
e. 그분은 그분의 멍에가 편하고 그분의 짐이 가볍다는 것을 그들에게 확신시켜 주셨다 — 마 11:30.

이 장에서는 첫 번째 하나님-사람이신 주 예수님께서 하신 두 기도의 예를 다룰 것이다. 첫 번째 기도는 시달리며 내버려진 하나님의 양들에 관한 마태복음 9장 36절부터 10장 4절까지의 기도이다. 두 번째 기도는 놀라운 가르침이 뒤따라오는 마태복음 11장 25절부터 30절까지의 기도이다. 이러한 가르침에서 주님은 우리에게 그분의 멍에를 메라고 명령하셨다. 우리는 주님의 멍에를 메려 하지만 그 멍에가 무엇인지 모를 수 있다. 주님의 멍에는 아버지의 뜻이다. 주님은 오직 아버지의 뜻만 관심하셨다(요 4:34, 5:30, 6:38). 그분은 아버지의 경륜에 따라 아버지의 뜻에 전적으로 자신을 굴복시키셨다(마 26:39, 42). 주님은 또한 아버지의 경륜으로 인해 그분을 찬양하셨다.

우리는 여전히 첫 번째 하나님-사람의 비밀스러운 인간 생활 안에 있는 신성한 사실들을 보고 있다는 것을 기억해야 한다. 주님의 이 땅에서의 생활의 모든 부분이 신성한 사실이다. 하나님께서 하신 모든 것이 신성한 사실이며, 신성한 사실들이 인간 생활 안에서 살아 내어졌고 그 인간 생활을 비밀스럽게 만들었다. 인성 안에 있는 신성한 것들은 비밀스럽다. 주님께서 남기신 모든 기도의 본들은 사람이신 예수님으로서 육체 안에 계셨던 그분께서 말씀하신 신성한 사실들이다. 한낱 사람이라면 그러한 신성한 문장들을 말해 낼 수 없다. 예수님은 하나님-사람이셨으며, 그분께서 말씀하시고 행하신 모든 것은 그분의 인간 생활 안에서 비밀스럽게 성취된 신성한 사실들이다.

시달리며 내버려진 하나님의 양들에 대해 기도하라고 제자들에게 가르치심

이것은 첫 번째 하나님-사람의 인간 생활 안에 있는 세 번째 기도이다. 첫 번째는 주님의 금식에 관련된 마태복음 4장에 있고, 두 번째는 주님께서 산 위에서 주신 최고의 가르침이 있는 6장과 7장에 있다.

수확의 주님께 수확할 일꾼들을 보내어 주시기를 간청함

하나님의 선민의 목자이신 첫 번째 하나님-사람은 하나님의 선민이 목자 없는 양처럼 시달리며 내버려진 것을 보시고는 불쌍히 여기셨으며, 제자들에게 수확의 주님께 수확할 일꾼들을 보내 주실 것을 간청하게 하셨다(마 9:36-38). 기도는 일반적인 것이지만 간청은 특별한 것이다. 여기에서 수확의 주님은 아버지 하나님이시다. 비슷한 기록인 누가복음 6장 12절부터 18절까지를 보면, 주님께서 밤새도록 기도하셨다는 말로 이것을 알 수 있다. 그분께서 수확의 유일한 주님이셨다면 아버지께 기도하실 필요가 없었을 것이다. 그분의 기도는 그분께서 자신을 보내심 받은 분으로 여기셨음을 보여 준다. 그분은 아버지를 자신을 보내신 분이라고 언급하셨고(요 8:29), 아버지를 수확의 주님으로 여기셨다.

그분은 제자들에게 아버지께 일꾼들을 다만 보내지 말고, 떠밀어 내시라고* 기도할 것을 명령하셨다. 떠밀어 내는 것은 보내는 것보다 훨씬 강한 것이다. 1991년에 주님의 회복의 시작을 위해 모스크바로 간 사랑하는 성도들은 주님에 의해 떠밀려 갔던 것이다.

열두 제자를 보내심

그러고 나서 그분은 열두 제자를 열두 사도로 임명하여 보내시고, 그

---

* 마태복음 9장 38절에서 '보내다'라고 번역된 영어 단어는 'thrust'로서 '떠밀다', '밀어 넣다'로도 번역될 수 있음—역자 주

들에게 더러운 영들을 쫓아내고 온갖 질병을 치료하는 권위를 주셨다(마 10:1-4). 사실상 주님의 양들은 사람들 때문만이 아니라 더러운 영들 때문에 고생하고 있었다. 한 면으로는 귀신들이 그들을 시달리게 했다. 다른 면으로는 유대 지도자들이 그들을 내버리고 있었다. 그러므로 주님은 열두 사도를 보내셔서, 악한 영들과 귀신들에게 시달리고 위선적인 유대 지도자들에게 내버려진 하나님의 양들을 돌보게 하셨다.

누가의 비슷한 기록

이 경우에 대한 누가의 비슷한 기록에서 우리는 주님께서 친히 '기도하시러 산으로 가셔서, 밤새도록 하나님께 기도하셨다'는 것을 본다. 그다음 날 그분은 열두 사도를 세우셔서, 더러운 영들에게 시달리던 사람들을 방문하고 돌보며 치료하게 하셨다(눅 6:12-18). 누가복음은 주님의 보내심이 아버지께서 그분의 기도에 응답하신 것을 따라 이루어졌음을 계시한다. 주님은 그분을 따르는 이들 중 어떤 이들에게 사도가 될 자격이 있는지를 아버지께 여쭈어보셨다. 심지어 배신자인 유다도 그분의 뜻을 수행하기 위해 아버지의 결정에 따라 임명되었다.

주님은 기도로 아버지를 접촉하시기 위해, 인간 사회와 완전히 떨어진 산에 올라가셔서 밤새도록 기도하셨다. 그다음 날 주님은 열두 사도를 세우셨다. 따라서 그분께서 열두 사도를 임명하신 것은 아버지의 응답과 결정과 가르침을 따른 것임이 분명하다. 마태복음은 이 점을 기록하지 않았는데, 이것은 마태복음이 천국의 왕이신 그리스도를 계시하기 때문이다. 천국의 왕으로서 분명히 그분은 수확의 주님이셨다. 그러나 사실상 수확의 참된 주님은 왕의 아버지이셨다. 누가의 기록은 왕에 관한 기록이 아니라 합당한 사람이신 그리스도에 관한 기록이다. 누가복음에서 이 사람은 아버지 하나님께 기도하러 나아가셨다.

이제 우리는 주님의 본에서 무엇을 배울 것인가를 고려해 보아야 한다. 어떤 형제가 시달리거나 어려움을 겪거나 병들었을 때 우리는 무엇을 해야 하는가? 우리에게는 그를 돌보려는 마음이 없을지 모른다. 반면에 그를 돌보고 그가 필요로 하는 어떤 일을 하고자 할지도 모른다. 결과적으로 우리는 서둘러 그 형제를 돌보러 가서 그를 위해 어떤 일을 할 것이다. 이러한 것은 천연적인 행함이며 신성하지 않다. 그 대신에 우리는 주님께 배워야 한다. 주님께 가서 "주님, 우리의 형제가 심하게 병들었습니다. 어떻게 하시겠습니까? 주님, 제게 부담을 주셔서 그를 돌보게 하시겠습니까? 그렇다면 제가 그 부담을 지겠습니다. 그렇지 않다면, 사람인 제 자신에 의해서는 어떤 것도 하지 않겠습니다. 저는 당신과 함께 그를 돌보기 원합니다. 이러한 돌봄이 인간적인 행함이 아닌 신성한 행함이 되게 해 주십시오."라고 기도해야 한다. 때때로 우리가 어려운 상황에 있는 형제를 위해 주님께 기도하러 나갈 때, 그분은 우리에게 지금 그를 만나지 말라고 요구하신다. 왜냐하면 그 형제가 주님의 손 아래에 있기 때문이다.

교회를 사랑하는 우리 모두는 어떤 성도가 어려움을 겪을 때 돕고 싶어 할 것이다. 그러나 이러한 일을 하나님과 함께하지 않는다면 그것은 신성하지 않다. 신성하다는 것은 모든 것을 하나님과 함께, 하나님에 의해, 하나님 안에서, 하나님을 통해서 하는 것이다. 누군가가 어떤 부담이나 문제를 가지고 우리를 찾아올 때 우리는 항상 그것을 주님께 가져가야 한다. 주님은 "이 문제를 내게 맡겨 두어라. 너는 비켜서 있어야 한다. 이것은 네가 할 일이 아니다."라고 말씀하실지 모른다. 한편으로, 주님께서 우리에게 부담을 주셔서 어떤 일을 하게 하신다면 우리의 행함은 신성할 것이다.

주님은 시달리며 내버려진 하나님의 양 떼인 하나님의 선민들을 보셨을 때 그들을 불쌍히 여기셨다. 그러나 그분은 제자들에게 명령하셔서 바로 그들을 돌보도록 하지 않으셨다. 그 대신 그분은 그들에게 명령하셔서 수확의 주님께 수확할 일꾼들을 보내 주시도록 간청하게 하셨다. 주님 자신께서 이 원칙을 실행하셨다. 그분은 하나님의 선민을 위해 목자들이 필요한 것을 보셨으므로 온밤을 하나님께 기도하는 데 드리셨다. 그분은 기도 없이 행하지 않으셨다. 그분은 이러한 상황을 아버지께 가져가셨고, 그렇게 아버지의 결정을 얻으셨다.

아버지께 드린 그분의 뛰어난 기도와 놀라운 가르침

첫 번째 하나님-사람은 주변의 도시들이 그분의 가르침을 기꺼이 받아들이지 않고 회개하지 않는 것을 꾸짖으신 후에(마 11:20-24) 아버지께 기도하셨고, 이 기도에 근거하여 제자들에게 놀라운 가르침을 주셨다(25-30절). 대부분의 경우 우리는 사람들을 꾸짖은 후에 기도하지 못한다. 아버지가 자신의 아이들을 꾸짖은 후에 기도할 수 없다면 그의 꾸짖음은 신성한 것이 아니다. 그러나 우리가 누군가를 꾸짖은 후에도 여전히 기도할 수 있다면 우리의 꾸짖음은 신성한 것이다.

주님의 뛰어난 기도

주님께서 아버지께 드린 뛰어난 기도는 다음과 같다. "하늘과 땅의 주님이신 아버지! 아버지께서 이러한 것들을 지혜롭고 총명한 사람들에게는 숨기시고, 어린 아기들에게는 계시하셨으니, 아버지를 높이 찬양합니다. 그렇습니다. 아버지, 이렇게 된 것이 아버지 보시기에 매우 기쁜 일이었습니다."(마 11:25-26) 역사상 누구도 이러한 기도를 하지 못했다.

아버지와 교통하심

첫 번째 하나님-사람은 그 도시들을 꾸짖으시는 동안, 기도로 아버지께 대답하시며 아버지와 교통하셨다. 주님의 기도는 사실상 아버지께 드리는 대답이었다. 그것은 그분께서 꾸짖으시는 동안에도 아버지와 교통하고 계셨음을 가리킨다. 어떤 아버지가 자녀들을 꾸짖을 때 그는 주님과의 교통 안에 머물러 있어야 한다.

아버지를 높이 찬양하심

주님은 기도 가운데 하늘과 땅의 주님이신 아버지를 인정하시며 아버지를 높이 찬양하셨다. 높이 찬양한다는 것은 인정하며 찬양한다는 것이다. 주로 우리는 어떤 인정함 없이 주님을 찬양하지만, 주님은 아버지께서 하늘과 땅의 주님이심을 인정하심으로써 아버지를 찬양하셨다. 우리는 아버지의 경륜과 뜻과 행하심에 있어서, 아버지를 인정함으로써 아버지를 찬양하는 것을 배워야 한다.

하나님의 백성이 그분의 원수에게 패배했을 때, 하나님은 "하늘의 하나님"(스 5:12, 단 2:18, 37)이라고 불리셨다. 그러나 한 사람 아브라함이 이 땅 위에 하나님을 위해 서 있었으므로, 그는 하나님을 가리켜 "하늘과 땅의 소유주"라고 불렀다(창 14:19, 22). 사람의 아들이신 주님께서 아버지를 "하늘과 땅의 주님"이라고 부르셨다는 것은 주님께서 이 땅 위에 하나님의 권익을 위해 서 계셨음을 가리킨다. 그분의 아버지는 그분과 그분의 제자들을 통해 땅의 주님이 되실 수 있었다.

어린 아기들에게 이러한 것들을 계시하신 것에 대해 아버지를 찬양하심

주님은 아버지께서 마태복음 11장 27절에 언급된 '모든 것'을 지혜롭고 총명한 사람들에게는 숨기시고 어린 아기들에게는 계시하신 것에 대해 아버지를 높이 찬양하셨다. '지혜롭고 총명한 사람들'은 주님을 거절한 도시들에 있는 모든 사람을 가리킨다. 그들은 오늘날의 지적인 세상 사람들과 같이 인간적으로 또한 마귀적으로 지혜롭고 총명한 사람들이었다. 주님은 신성한 것들을 그들에게 숨기시고 어린 아기들인 제자들에게 계시하셨다.

아버지 보시기에 매우 기쁜 일임

주님은 이것이 아버지 보시기에 매우 기쁜 일임을 인정하시고 자신을 이것에 복종시키셨다.

그분의 계시하는 가르침을 제자들에게 주심

주님의 기도는 뛰어나며, 그분의 가르침은 계시를 준다(마 11:27-30). 어린 아기들인 우리는 계시를 받았는데, 이는 주님께서 모든 너울을 우리에게서 거두어 가셨기 때문이다.

아버지에 의해 모든 것이 그분께 주어짐

마태복음 11장 27절에서 '모든 것'은 주님을 따르는 모든 제자를 가리킨다. 요한복음에서 주님은 그분께 오는 모든 사람과 그분을 믿는 모든 사람이 아버지께서 그분에게 주신 사람들이라고 반복해서 말씀하셨다

(6:37, 44, 65, 17:6하, 18:9). 아버지께서 우리를 주 예수님께 주지 않으셨다면, 오늘날 우리는 교회생활 안에 있지 못했을 것이다. 우리를 세상적인 추구에서 건져 내는 것은 쉬운 일이 아니다. 우리가 주님의 회복 안에 있는 것은 아버지께서 우리를 주님께 주셨기 때문이다. 우리가 여기 있는 것은 우리에게 속한 것이 아니다.

아들과 아버지를 아는 것은 계시가 필요함

아버지 외에는 아들을 온전히 아는 사람이 없고, 아들과 또 아들이 계시해 주고자 하는 사람 외에는 아버지를 온전히 아는 사람이 없다(마 11:27). 오직 아버지만 아들에 대한 온전한 지식을 가지고 계시고, 오직 아들과 또 아들이 계시해 주는 사람만 아버지에 대한 온전한 지식을 가지고 있다. 그러므로 아들을 알기 위해서는 아버지께서 아들을 계시해 주셔야 하고(마 16:17), 아버지를 알기 위해서는 아들께서 아버지를 계시해 주셔야 한다(요 17:6, 26). 빌립보서 3장 10절에서 바울은 그리스도를 알기를 갈망했다. 그리스도를 아는 것이 가장 뛰어난 것이다. 그리스도는 모든 것을 포함하시고 모든 것에 미치시며 제한이 없으시다.

수고하고 짐을 진 사람들은
다 그분에게 오라고 부르심

주님은 수고하고 짐을 진 사람들은 다 그분에게 오라고 부르시며, 그들에게 안식을 주실 것이다(마 11:28). 종교적인 유대인들은 율법 아래서 일하느라 수고하고 무거운 짐을 지고 있었다. 이 땅 위에 수고하지 않거나 짐이 없는 사람이 누구인가? 이 세상은 수고하는 세상이며 짐이 가득하다. 그러므로 주님은 우리를 불러 그분께 와서 쉬게 하신다. 안식은 완전한 평화와 충분한 만족을 뜻한다.

제자들에게 그분의 멍에를 메고
그분에게서 배우라고 명령하심

주님은 제자들에게 그분의 마음이 온유하고 겸허하므로, 그분의 멍에를 메고 그분에게서 배우라고 명령하셨다. 그러면 그들의 혼은 안식을 얻게 될 것이다(마 11:29). 온유하다는 것은 반대에 저항하지 않는다는 것을 의미하고, 겸손하다는 것은 자신을 높이지 않는다는 것을 의미한다. 주님에게서 오는 안식은 우리의 혼을 위한 것이다. 그것은 본질상 다만 외적인 어떤 것이 아니라 내적인 안식이다. 괴로움과 어려움은 우리의 혼 안에 있다. 바울은 우리에게 아무것도 염려하지 말고 우리가 구하는 모든 것을 주님께 말씀드리라고 했다. 그러면 하나님의 평안이 그리스도 예수님 안에서 우리의 마음과 생각을 지키실 것이다(빌 4:6-7).

그분의 멍에가 편하고 그분의 짐이 가볍다는 것을
그들에게 확신시켜 주심

주님은 그분의 멍에가 편하고 그분의 짐이 가볍다는 것을 제자들에게 확신시켜 주셨다(마 11:30). '쉽다'라는 헬라어 단어는 '용도에 꼭 알맞다'는 뜻이다. 따라서 좋고, 친절하고, 온순하고, 온화하고, 편하고, 유쾌하다는 것이다. 이는 어렵고, 엄하고, 날카롭고, 괴롭다는 것과 대조된다. 하나님의 경륜의 멍에는 이와 같다. 하나님의 경륜 안에 있는 모든 것은 무거운 짐이 아니라 누림이다.

13

첫 번째 하나님-사람의 생활 — 기도의 사람 (4)

The First God-man's Living—a Man of Prayer (4)

제13장

첫 번째 하나님-사람의 생활 — 기도의 사람 (4)

마태복음 11장 25절부터 30절까지에 있는 첫 번째 하나님-사람께서 아버지께 드린 뛰어난 기도와 그분을 따르는 사람들에게 계시를 주는 가르침에 관하여 추가하는 말씀

개요

Ⅰ. 하나님의 영원한 경륜에 관하여 — 마 11:27.

A. 아버지는 아들의 몸의 건축을 위해 그분의 모든 선민을 아들에게 주셨다 — 마 11:27상, 요 6:37, 44, 65, 17:6하, 18:9.

B. 오직 아버지만이, 그분의 경륜의 중심이시자 전부이신 아들을 아신다 — 마 11:27하, 비교 골 2:2, 마 16:15-17, 갈 1:15-16, 엡 3:4, 빌 3:10.

C. 오직 아들만이, 그분 자신의 경륜을 제정하신 분이시자 근원이신 아버지를 아신다 — 마 11:27하.

D. 아들은 그분의 몸을 형성하시기 위해 믿는 이들에게 아버지를 계시하신다 — 마 11:27하, 요 17:6상.

Ⅱ. 하나님께서 기뻐하시는 뜻에 관하여 — 마 11:25-26.

A. 아버지는 그분의 경륜의 내용을 지혜롭고 총명한 사람들, 즉 세상 사람들에게 숨기셨다 — 고전 1:26.

B. 그러나 그분은 이러한 것들을 어린 아기들, 즉 아들을 믿는 사람들에게 계시하셨다 — 마 19:13-14, 고전 1:27-28.

C. 이것이 아버지께서 기뻐하시는 뜻이다.

Ⅲ. 몸의 머리이시고 원형이시며 모형이신 첫 번째 하나님-사람에 관하여 — 마 11:26, 29상.

A. 하나님께 절대적으로 복종하셨고 하나님으로 완전히 만족하셨다.

B. 온유하시어 반대자들에게 저항하지 않으셨고, 겸허하시어 마음 안에서 사람들 가운데 자신을 낮추셨다.

Ⅳ. 그분의 몸의 지체들이자 대량 생산품이자 복사판인 그분의 믿는 이들에 관하여 — 마 11:28상, 29하-30.

A. 그들의 마음으로 그분의 부름에 응답하고 그들의 몸으로 그분께 온다 — 마 11:28상.

B. 하나님의 뜻인 그분의 멍에를 메고, 그분의 모형을 따라 하나님의 경륜을 위해 수고함으로써 영 안에서 그분을 본받는다 — 마 11:29상, 벧전 2:21.

C. 혼 안에서 만족하며 그분의 안식을 함께 나눈다 — 마 11:28하, 29하-30.

마태복음 11장 25절부터 30절까지에 있는 주님의 뛰어난 기도와, 계시를 주는 그분의 가르침은 네 가지 주요한 항목, 곧 하나님의 영원한 경륜, 하나님께서 기뻐하시는 뜻, 몸의 머리이시고 원형이시며 모형이신 첫 번째 하나님-사람, 그분의 몸의 지체들이자 대량 생산품이자 복사판인 그분의 믿는 이들과 관련된다. 대량 생산품은 원형에서 나오고 복사판은 모형에서 나온다.

하나님의 영원한 경륜에 관하여

하나님의 영원한 경륜은 "내 아버지께서 모든 것을 나에게 주셨으니, 아버지 외에는 아들을 온전히 아는 사람이 없고, 아들과 또 아들이 계시해 주고자 하는 사람 외에는 아버지를 온전히 아는 사람이 없습니다."라고 말하는 마태복음 11장 27절에서 볼 수 있다.

아버지는 그분의 모든 선민을 아들에게 주심

아버지는 아들의 몸의 건축을 위해 그분의 모든 선민을 아들에게 주셨다(마 11:27상, 요 6:37, 44, 65, 17:6하, 18:9). 아버지 하나님은 그분께서 선택하신 모든 사람을 아들에게 주셨는데, 이것은 그들이 하늘나라에 가거나 단지 구원받기 위한 것이 아니라 그리스도의 몸을 건축하기 위한 것이다. 아들은 몸이 필요하시고 삼일 하나님은 유기체가 필요하시다. 그리스도의 몸은 그리스도의 표현과 확장을 위한 삼일 하나님의 유기체이다. 물질적으로 말하면, 우리의 몸은 우리의 확장이다. 유기체인 그리스도의 몸은 머리이신 그리스도의 확장이다. 아버지에 의해 아들에게 주어진 모든 선민은 그리스도의 확장이며, 그리스도의 표현을 위한 삼일 하나님의 유기체이다.

오직 아버지만이 아들을 아심

오직 아버지만이, 그분의 경륜의 중심이시자 전부이신 아들을 아신다(마 11:27하, 비교 골 2:2, 마 16:15-17, 갈 1:15-16, 엡 3:4, 빌 3:10). 아들 그리스도는 하나님의 비밀이시다. 하나님께는 인격과 목적이 있다. 하나님의 인격은 삼일이다. 그분의 삼일성은 그분의 인격이다. 신약의 내용은 삼일 하나님이다. 에베소서의 모든 장이 삼일 하나님을 계시한다(참조 고후 13:14 각주 1). 1장은 하나님께서 삼중의 방식으로 우리를 축복하셨음을 계시한다. 그분은 아버지 안에서 우리를 선택하셨고, 아들 안에서 우리를 구속하셨으며, 그 영 안에서 우리에게 도장 찍으시어 우리의 보증이 되신다. 삼일 하나님의 경륜은 그분께서 선택하시고 구속하신 사람들 안으로 그분 자신을 분배하시어 그들을 그분의 표현으로 만드시는 것이다.

삼일 하나님의 경륜은 그분의 선한 기쁨을 위한 그분의 목적을 따라 세워졌고, 그분의 선한 기쁨은 그분의 마음의 갈망에서 나온 것이다. 하나님은 살아 계신 인격이시고 느낌으로 가득하시다. 그분은 마음의 갈망을 갖고 계신다. 하나님의 마음의 갈망에서 나온 것이 하나님의 선한 기쁨이다. 이 기쁨에서 하나님의 목적이 나왔고, 이 목적에서 그분의 경륜이 나왔다. 온 성경이 하나님의 경륜의 내용이다.

하나님이신 그리스도는 하나님의 경륜을 위하여 사람이 되셨다. 그분은 하나님의 중심이시자 전부이시다. 1934년 1월에 워치만 니 형제님은 “그리스도께서 하나님의 중심이시자 전부이심”이라는 주제로 특별 집회를 열었다. 그분은 하나님의 경륜의 바퀴통과 테와 살, 곧 모든 내용이시다. 내가 미국에서 가졌던 첫 번째 집회는 신명기 8장 7절부터 9절까지의 세 절에 있는, 좋은 땅으로 예표되신 모든 것을 포함하신 그리스도에 관한 집회였다. 바울이 빌립보서 3장 10절에서 말했듯이 그리스도를 아는 것은 작은 일이 아니다. 왜냐하면 그분은 모든 것이시기 때문이다. 그러나 그분이 아닌 다른 사람을 아는 것은 간단한데, 이는 그가 모든 것을 포함한 사람이 아니기 때문이다.

그리스도는 하나님께서 사람이 되신 분이시며, 육체 안에 계셨던 이 사람은 마지막 아담으로서 생명 주시는 영이 되셨다(고전 15:45하). 이 생명 주시는 영은 신성한 삼일성, 신성, 인성, 그리스도의 죽음과 그 효능, 그리스도의 부활과 그 능력이 복합되신 영이시다. 이러한 모든 항목이 합해져 복합되신 영이 되었고, 이는 출애굽기 30장에 있는 복합된 관유로 예표된다. 또한 이 복합되신 생명 주시는 영은 일곱 배로 강화되셨다(계 1:4, 4:5, 5:6). 신약은 복음서에서는 육체 안에 계신 그리스도를, 서신서에서는 생명 주시는 영이신 그리스도를, 요한계시록에서는 일곱 배로 강화되신 생명 주시는 영이신 그리스도를 계시한다. 아버지 외에는 그 누구도 아들 그리스도를 온전히 알 수 없다. 아들은 아버지의 말씀과 설명과 정의와 표현이시다.

오직 아들만이 아버지를 아심

오직 아들만이, 그분 자신의 경륜을 제정하신 분이시자 근원이신 아버지를 아신다(마 11:27하). 오직 아들과 또 아들께서 아버지를 계시해 주고자 하시는 믿는 이들 외에는 아버지를 온전히 아는 사람이 없다. 사복음서는 아버지 하나님을 우리에게 보여 준다. 아버지에 관해 요한복음만큼 많이 계시하는 책은 없다. 우리는 주 예수님께서 하늘과 땅의 주님이신 아버지(마 11:25)를 찬양하심을 보았다. 그분은 아버지를 높이 찬양하심으로 아버지의 뜻을 인정하셨다.

아들은 믿는 이들에게 아버지를 계시하심

아들은 그분의 몸을 형성하시기 위해 믿는 이들에게 아버지를 계시하신다(마 11:27하, 요 17:6상). 하나님의 경륜은 아들과 아들의 유기체인 그리스도의 몸을 통해 아버지를 표현하기 위한 것이다. 신약의 가르침에 따르면, 근원이신 아버지는 아들을 통해 유기체를 얻으려는 갈망을 갖고 계신다. 아들은 하나님의 선민을 그분께 나아오도록 부르시어, 거듭나게 하시고 거룩하게 하시고 변화시키셔서 삼일 하나님의 유기체인 그분의 몸이 되게 하신다.

신약은 그리스도의 몸의 지체들인 우리가 모든 것을 하나님과 함께, 하나님 안에서, 하나님에 의해, 하나님을 통해 하도록 가르친다. 신약은 우리에게 천연적인 사랑을 가지고 도덕적인 방식으로 사람들을 사랑하라고 가르치지 않는다. 우리는 하나님에 의해, 하나님과 함께, 신성하고도 비밀한 방식으로 다른 사람들을 사랑해야 한다. 그분의 사랑은 신성하지만, 이 사랑이 밖으로 나타날 때는 비밀하면서 인간적이다. 성경은 우리가 신성하고 비밀한 사람으로 살도록 가르친다.

하나님께서 기뻐하시는 뜻에 관하여

아버지는 그분의 경륜의 내용을 지혜롭고 총명한 사람들에게 숨기심

아버지는 모든 것, 곧 그분의 경륜의 내용을 지혜롭고 총명한 사람들 즉 세상 사람들에게 숨기셨다. 고린도전서 1장 26절에서 바울은 "형제님들, 여러분을 부르신 것을 생각해 보십시오. 육체로는 지혜 있는 사람이 많지 않고, 능력 있는 사람이 많지 않으며, 출신이 좋은 사람도 많지 않습니다."라고 말한다. 대학교에는 지혜롭고 총명한 사람들이 많지만, 그들은 하나님의 경륜에 대해 눈멀어 있다.

이러한 것들을 어린 아기들에게 계시하심

그러나 아버지는 이러한 것들을 어린 아기들, 즉 아들을 믿는 사람들에게 계시하셨다(마 19:13-14, 고전 1:27-28). 마태복음 19장에서 사람들이 어린아이들을 주 예수님께 데려왔을 때 제자들은 그들을 꾸짖었다. 그러나 주님은 "어린아이들이 나에게 오는 것을 허락하고, 막지 마십시오. 왜냐하면 천국이 이와 같은 사람들의 것이기 때문입니다."(14절)라고 말씀하셨다. 우리가 지혜롭고 총명하여 어린아이와 같지 않다면, 천국에 들어가기를 기대할 수 없다.

아버지께서 기뻐하시는 뜻

아버지께서 기뻐하시는 뜻은 그분의 경륜의 내용을 지혜롭고 총명한 세상 사람들에게 숨기시고 어린 아기들, 즉 아들을 믿는 이들에게 계시하시는 것이다.

몸의 머리이시고 원형이시며 모형이신 첫 번째 하나님-사람에 관하여

첫 번째 하나님-사람은 몸의 머리이시고 원형이시며 모형이시다(마 11:29상). 그분은 한 알의 밀로 오셔서 많은 밀알을 산출하셨다(요 12:24). 한 알의 밀은 원형이었고, 많은 밀알은 대량 생산품이었다. 대량 생산품은 모형의 복사판이다. 베드로는 그리스도께서 믿는 이들의 본이시라고 말했다(벧전 2:21). '본', 곧 '모형'이라는 헬라어 단어는 직역하면 습자첩(習字帖)으로서, 학생들이 글씨를 배울 때 밑에 놓고 글자를 따라 쓰는 글씨본을 의미한다. 우리는 원본이신 그리스도의 재생산이 되었다. 그리스도는 대량 생산품을 산출하기 위한 원형이시고, 많은 복사판을 산출하기 위한 모형이시다.

하나님께 절대적으로 복종하시고 하나님으로 완전히 만족하심

그리스도는 첫 번째 하나님-사람이셨고 우리는 많은 하나님-사람들이다. 우리는 그분께서 하나님께 절대적으로 복종하신 것과 하나님으로 완전히 만족하신 것을 배워야 한다. 그리스도는 철저히 아버지께 복종하셨고 아버지와 그분의 뜻으로 만족하셨다.

온유하시어 반대자들에게 저항하지 않으시고, 겸허하시어 마음 안에서 사람들 가운데 자신을 낮추심

주님은 온유하셨는데, 이것은 그분께서 반대자들에게 저항하지 않으셨음을 의미한다. 그분은 또한 겸허하셨는데, 이것은 그분의 마음 안에서 사람들 가운데 자신을 낮추셨음을 의미한다.

그분의 몸의 지체들이자 대량 생산품이자 복사판인 그분의 믿는 이들에 관하여

마음으로 그분의 부름에 응답함

믿는 이들은 그들의 마음으로 그분의 부름에 응답하고 그들의 몸으로 그분께 온다(마 11:28상). 우리의 몸으로 그분께 온다는 말은 우리의 온 존재가 그분께 온다는 의미이다. 이것이 로마서 12장 1절에서 바울이 우리의 몸을 주님께 살아 있는 희생 제물로 드리라고 명령한 이유이다. 우리는 교회 집회들에 참여함으로써 실지적인 방식으로 우리의 몸을 드려야 한다. 1925년에 주님께 구원받은 이후로 나는 온 존재로 주님께 왔다.

영 안에서 그분을 본받음

믿는 이들은 하나님의 뜻인 주님의 멍에를 메고, 주님의 모형을 따라 하나님의 경륜을 위해 수고함으로써 영 안에서 주님을 본받는다(마

11:29상, 벧전 2:21). 주님은 그분에게서 배우라고 우리에게 말씀하셨다. 그분에게서 배우는 것은 그분을 본받는 것이지 외적으로 모방하는 것이 아니다. 이러한 방식으로 우리는 그분의 복사판과 대량 생산품이 된다. 그분에게서 배우는 것에서 첫 번째 조건은 그분의 멍에를 메는 것이며, 그분의 멍에는 바로 하나님의 뜻이다. 하나님의 뜻은 우리에게 멍에가 되어야 하고, 우리는 이 멍에 아래 우리의 목을 두어야 한다. 칠십 년 전에 젊은이였던 나는 이 멍에를 멨다. 이 멍에가 지난 칠십 년 동안 나를 보호했다.

또한 우리는 하나님의 경륜을 위해 수고하는 이들이 되어야 한다. 모든 세상 사람은 많은 것에 수고하며 짐을 지고 있다. 그들은 매우 분주하다. 주님은 수고하는 사람들, 짐을 진 사람들, 안식이나 만족이 없는 사람들을 부르시어 그분께 오게 하신다. 그럴 때 그분은 그들에게 참된 안식과 만족을 주실 수 있다. 만족이 없는 안식은 참된 안식이 아니다. 우리는 그분의 모형을 따라 하나님의 경륜을 위해 그분의 멍에를 메고 수고하며 그분의 발자취를 따라간다.

혼 안에서 만족하며 그분의 안식을 함께 나눔

가장 어려운 것은 우리 혼 안에서 안식하는 것이다. 사람들은 혼에서 괴로움을 느끼므로 잠을 자지 못한다. 우리가 주님의 멍에를 메고 그분에게서 배움으로써 얻는 안식은 혼을 위한 것이다. 우리는 우리 혼 안에서 만족하며 그분의 안식을 함께 나눈다(마 11:28하, 29하-30).

14

첫 번째 하나님-사람의 생활 — 기도의 사람 (5)

The First God-man's Living—
a Man of Prayer (5)

제14장

첫 번째 하나님-사람의 생활 — 기도의 사람 (5)

성경: 마 14:19, 23

개요

Ⅱ. 천국에서는 왕-구주이시고, 하나님의 복음의 봉사에서는 노예-구주이시며, 하나님의 구원에서는 사람-구주이신 첫 번째 하나님-사람에 관하여 공관 복음서에 기록된, 첫 번째 하나님-사람의 비밀스러운 인간 생활 안에 있는 신성한 사실들.

E. 그분은 떡 다섯 개와 물고기 두 마리로 오천 명을 먹이시는 기적을 행하시면서 제자들이 그분께 다음과 같은 것들을 배우도록(마 11:29) 훈련시키셨다.

1. 그분은 기적을 행하시기 전에 떡 다섯 개와 물고기 두 마리를 가지시고, 하늘을 우러러보시며(그분께서 하늘에 계신 그분의 아버지를 우러러보신 것을 가리킴) 축복하셨는데(마 14:19), 이는 다음과 같은 것들을 가리킨다.

a. 하늘에 계신 아버지에 의해 보내어지시어 땅에 계신 아들로서, 그분은 아버지와 하나이셨고 아버지를 신뢰하셨다 — 요 10:30.

b. 그분은 아무것도 스스로 하지 않으셨다 — 요 5:19.

c. 그분은 자신의 뜻을 구하지 않으시고 자신을 보내신 분의 뜻을 구하셨다 — 요 5:30하.

d. 그분은 자신의 영광을 구하지 않으시고 자신을 보내신 아버지의 영광을 구하셨다 — 요 7:18.

2. 그분은 기적을 행하신 후에 기도하시러 홀로 산에 올라가셨는데(마 14:23, 비교 눅 6:12), 이는 다음과 같은 것들을 가리킨다.

a. 그분은 무리와 함께 기적의 결과 안에 머물지 않으시고, 기도 가운데 아버지와 함께 계시기 위해 그들을 떠나시어 홀로 산에 올라가셨다.

b. 그분은 기적의 결과를 함께 누린 모든 이가 다음과 같이 되도록 아버지께서 축복하시기를 구하셨을 것이다.

1) 썩어 없어지는 양식으로 만족하지 않도록.

2) 영원한 생명에 이르기까지 없어지지 않는 양식을 추구하도록.

3) 그분께서 사람의 아들이실 뿐 아니라 다음과 같은 하나님의 아들이심을 알도록.

a) 아버지에 의해 보내어지시고 도장 찍히신 분.

b) 그들에게 영원한 생명을 주실 수 있으신 분 — 요 6:27.

c. 그분은 그분의 기적으로 음식을 공급하신 오천 명의 사람을 어떻게 돌보실지에 관해 아버지께 어떤 지시를 받으셨을 것이다.

이번 장에서는 마태복음에 있는 기도의 사람이신 주님의 본에 관하여 계속 교통하고자 한다.

오천 명을 먹이시는 기적을 행하시면서 제자들이 배우도록 훈련시키심

떡 다섯 개와 물고기 두 마리를 가지시고, 하늘을 우러러보시며 축복하심

그분은 떡 다섯 개와 물고기 두 마리로 오천 명을 먹이시는 기적을 행하시면서 제자들이 그분께 배우도록 훈련시키셨다. 마태복음 11장 29절에서 주님은 제자들이 그분께 배울 필요가 있다고 말씀하셨는데, 이것은 그분께서 그들의 본이셨음을 가리킨다.

마태복음 14장 19절은 그분께서 떡 다섯 개와 물고기 두 마리를 가지시고 축복하려고 하실 때 하늘을 우러러보셨다고 말한다. 다시 말해서, 그분은 하늘을 우러러보심으로 음식을 축복하셨다. '하늘을 우러러보심'은 그분께서 하늘에 계신 아버지를 우러러보셨음을 가리킨다. 이것은 그분께서 자신이 축복의 근원이 아님을 아셨다는 것을 보여 준다. 그분은 보내어지신 분이시다. 보내어지신 분은 축복의 근원이 아니셨다. 보내신 분, 즉 아버지께서 축복의 근원이시다.

여기에 우리가 배워야 할 중요한 공과가 있다. 성경 독자 대부분은 마태복음 14장에서 주님께서 행하신, 무(無)에서 무언가를 만들어 내는 기적에 주의를 기울인다. 그러나 여기서 우리는 주님께서 우리를 위해 세우신 본을 볼 필요가 있다. 우리는 그분께서 하늘에 계신 아버지를 우러러보셨으며, 제자들 앞에서 떡 다섯 개와 물고기 두 마리를 축복하셨음을 기억해야 한다. 이렇게 축복하신 후에 그분은 제자들이 무엇을 해야 하는지 말씀하셨다. 그분께서 행하신 것은 틀림없이 제자들이 그분에게서 배우기 위한 본이었다. 우리는 이러한 본에 따라서, 우리 자신이 보내시는 분이 아니라 보내시는 분에 의해 보내어진 사람임을 깨달아야 한다. 우리가 얼마나 많은 것을 할 수 있는지에 관계없이, 우리는 근원이시자 우리를 보내신 분에게서 온 축복이 필요하다. 그럴 때에만 우리는 이 축복을 전달하여 사람들이 축복을 받게 할 수 있다. 이것이 내가 강조하려는 큰 공과이다.

어떤 곳에 말씀을 전해 달라고 초청받은 어느 동역자는 자신이 수 년 동안 주님을 위해 말해 왔기 때문에 말하는 법을 알고 있다고 생각할지 모른다. 우리 모두는 이런 종류의 태도를 떨쳐 버리고 자신이 근원이 아님을 깨달아야 한다. 축복은 우리 자신에게서 나오지 않는다. 자신이 얼마나 많은 일을 할 수 있는지 혹은 일에 관해 얼마나 잘 아는지와 관계없이, 우리는 우리 자신이 아니라 보내신 분을 신뢰함으로써 그분께서 우리가 행한 것 위에 축복하시는 것이 필요하다는 사실을 반드시 깨달아야 한다. 심지어 음식을 먹을 때에도, 우리는 아버지를 근원으로 우러러보신 주님에 대해 배워야 한다. 우리는 음식을 축복할 때, 축복의 근원을 우러러봄으로 축복해야 한다.

아버지와 하나이심

그분께서 하늘에 계신 아버지를 우러러보신 것은, 그분께서 하늘에 계신 아버지에 의해 보내어지시어 땅에 계신 아들로서 아버지와 하나이셨고 아버지를 신뢰하셨음을 보여 준다(요 10:30). 이것은 매우 중요한 원칙이다. 내가 주님을 위해 말할 때마다, 나에게는 주님과 하나이며 그분을 신뢰한다는 느낌이 있어야 한다. 내가 알고 있는 것들과 내가 할 수 있는 것들은 아무런 의미가 없다. 그분과 하나이고 그분을 신뢰하는 것이 우리 사역의 모든 것이다. 우리는 말씀을 공급하러 갈 때, 우리 자신 안에 머무르며 자신이 할 수 있다고 믿어서는 안 된다. 자신이 할 수 있다고 믿는다면 우리는 끝난 것이다. 축복은 우리가 그분과 하나이고 그분을 신뢰할 때에만 온다.

아무것도 스스로 하지 않으심

주님은 아무것도 스스로 하지 않으셨다(요 5:19). 이것 또한 제자들에게 하나의 본이었다. 그분 자신으로 말미암아 온 우주가 창조되었지만, 그분은 그 어떤 것도 스스로 하지 않으셨다. 이것이 우리의 자아를 부인하는 것이며, 주님은 이것을 거듭 가르치셨다. 그분은 누구든지 그분을 따르려면 자기를 부인하고 자기 십자가를 져야 한다고 말씀하셨다(마 16:24). 그분은 자신을 부인하는 삶을 사셨다.

학식 있는 대학교수는 사람의 주목을 끌기 위해, 자신이 아는 것과 할 수 있는 것을 보이려고 많은 것을 행한다. 그러나 우리는 오늘날의 교수들과 같지 않다. 우리는 예수님의 복사판인 오늘날의 하나님-사람들이다. 우리는 자신을 부인해야 하며, 자신에게서 나온 어떤 것도 행하려는 의도를 갖지 않고 그분으로부터 모든 것을 행하려는 의도를 가져야 한다. 이것이 주님과 함께 행함으로, 자아를 부인하는 가르침을 적용하는 것이다.

자신의 뜻을 구하지 않으심

그분은 자신의 뜻을 구하지 않으시고 자신을 보내신 분의 뜻을 구하셨다(요 5:30하). 첫 번째로 그분은 자신을 부인하셨다. 두 번째로 그분은 자신의 생각과 의도와 목표를 거절하셨다. 그분은 오직 자신을 보내신 분의 뜻만 구하셨다. 우리가 일하러 보내어질 때, 우리 모두는 자신의 목적을 추구할 기회를 붙잡지 않도록 주의해야 한다. 하나님의 일을 수행하러 갈 때 자신의 목적을 추구하는가, 하나님의 목적을 추구하는가? 워치만 니 형제님은 주님의 일을 위해 형제를 보낼 때마다, 그가 자신의 목적을 이루려는 기회를 붙잡으려 할까 염려했다.

어느 날 나는 상하이(上海)에서 항저우(杭州)로 움직일 준비를 하고 있었다. 그때 니 형제님이 "리 형제님, 형제님은 무슨 목적으로 항저우에 가려고 합니까?"라고 물었다. 나는 그곳에 있는 형제들을 방문하러 간다고 대답했다. 니 형제님은 이것이 잘못된 대답이라고 했다. 그 대신에, 주님의 목적을 수행하러 간다고 대답해야 한다고 했다. 여러분이 단지 형제들을 방문하러 간다면 스스로를 위해 많은 것을 할 수 있다. 여러분은 그들을 방문하는 것을 주님의 뜻을 구하는 대신 자신의 목적을 성취하는 기회로 삼을지 모른다. 자신의 목적과 목표와 생각 없이 순수한 마음을 갖는 것은 쉽지 않다. 우리는 우리를 보내시는 주님의 생각과 목적과 목표와 의도를 추구하며 나아가야 한다. 이것은 우리 편에서의 많은 배움이 필요하다.

종종 어떤 형제들이 어느 곳을 방문해 달라는 초대를 받으면 나에게 와서 그것에 대한 나의 느낌이 어떠한지를 묻는다. 그럴 때 내가 가장 먼저 고려하는 것은 "여러분은 오직 주님의 유익, 주님의 목적, 주님의 목표, 주님의 생각, 주님의 의도 즉 주님의 뜻을 이루려고 합니까, 아니면 여러분의 의도와 뜻을 이루기 위한 기회를 얻으려고 합니까?"이다. 우리 자신의 의도를 추구하는 것은 전혀 순수하지 않다. 우리는 십자가로 정결하게 될 필요가 있다. 우리는 "주님, 제 자신의 의도와 생각에 따라 무언가를 이루기 위해 나가려는 것에서 저를 구원해 주십시오."라고 기도해야 한다. 주 예수님은 결코 자신의 생각과 자신의 목적과 자신의 관념과 자신의 의도를 구하지 않으셨다. 그분은 순수하게 오직 아버지의 뜻만 구하셨다.

자신의 영광을 구하지 않으심

첫 번째 하나님-사람은 자신의 영광을 구하지 않으시고 자신을 보내신 아버지의 영광을 구하셨다(요 7:18). 나는 니 형제님과 약 이십 년 동안 함께 있었다. 동역자들과 관련하여 그를 가장 괴롭힌 것은 야심 없는 사람을 찾기 어려웠다는 점이다. 야심이 있다는 것은 자신의 영광을 구한다는 것이다. 교회생활 가운데 우리가 주님께 봉사할 때, 거기에는 항상 야심이 있다. 한 형제에게 장로가 되고자 하는 야심이 있을 수 있다. 그는 장로가 되기 위하여 먼저 집사가 되어야겠다고 생각한다. 그에게는 집사가 되는 것이 장로로 높아지기 위한 예비 단계와 같다. 우리에게 이와 같은 야심이 전혀 없다고 생각하지 말아야 한다. 우리 모두는 타락한 아담의 자손이며 같은 죄, 같은 질병으로 병들어 있다. 칠 년 전에 우리 가운데 일어난 배역은 전적으로 야심 때문이었다. 나는 오랜 세월 동안, 우리 가운데 야심 때문에 망쳐진 많은 동역자를 보았다. 주님의 긍휼로 나는 자아와 의도를 처리하는 비결을 배웠는데, 이것은 내가 자신의 영광을 구하는 것을 처리할 수 있도록 도와주었다.

요한복음 7장 18절에서 주님은 바리새인들에게 "스스로 말하는 사람은 자신의 영광을 구하지만, 보내신 분의 영광을 구하는 그 사람은 참되며, 그 사람 속에는 불의가 없습니다."라고 말씀하셨다. 바리새인들은 자신의 영광을 구하고 있었다. 이 절의 문맥에 따르면, 주님은 바리새인들이 자신의 영광을 구하지 않았다면 주님께서 아버지에 의해 보내어지셨다는 사실을 알았을 것임을 말씀하셨다.

우리는 자아와 목적과 야심이 우리의 일을 황폐하게 하는 세 마리의 큰 '벌레들'이라는 것을 볼 필요가 있다. 주님의 회복 안에서 그분께 사용되기를 바란다면, 우리는 자아를 부인하고 자신의 목적을 거절하고 자신의 야심을 포기해야 한다. 우리에게는 자신의 목적이 있어서는 안 되며 오직 주님의 뜻만 있어야 한다. 우리는 자아 없음과 목적 없음과 야심 없음, 이 세 가지 항목을 반드시 배워야 한다. 우리는 자아를 부인하고 자신의 목적을 거절하고 자신의 야심을 버려야 하며, 그분을 위해 수고하고 일하는 것만 배워야 한다. 자아와 목적과 야심은 우리 안에 있는 세 마리의 뱀이나 전갈과 같다. 우리는 그런 것들을 미워하기를 배워야 한다.

기도하시러 홀로 산에 올라가심

그분은 기적을 행하신 후에 기도하시러 홀로 산에 올라가셨다(마 14:23, 비교 눅 6:12).

무리와 함께 기적의 결과 안에 머물지 않으심

그분은 무리와 함께 기적의 결과 안에 머물지 않으시고, 기도 가운데 아버지와 함께하시기 위해 그들을 떠나시어 홀로 산에 올라가셨다. 우리가 어떤 곳에 가서 큰 성공을 거두었다면, 바로 떠나겠는가 아니면 성공을 누리기 위해 그 안에 머물겠는가? 우리는 주 예수님의 본을 보고 따라야 한다. 그분은 그분께서 행하신 놀라운 기적의 결과 안에 머물지 않으셨다. 그 대신 그분은 기도하시러 홀로 산에 올라가셨다. '홀로'라는 말은 매우 의미가 깊다. 이것은 그분께서 기도하러 가시는 것을 사람들에게 알리지 않으셨다는 의미이다. 만일 알리셨다면, 사람들이 그분을 따라갔을 것이다. 그분은 기도 가운데 아버지와 함께하시기 위해 홀로 떠나셨다. 나는 이 세 표현, 곧 '아버지와 함께', '산에서', '기도 가운데'를 좋아한다. 우리는 아버지와 함께 산에서 기도하기를 훈련함으로써 여기에 있는 주님의 본을 배워야 한다. 그분께서 하늘을 우러러보신 것(마 14:19)은 자신을 신뢰하지 않으셨다는 것을 뜻한다. 그분께서 산에 올라가신 것은 기도 가운데 아버지와 함께하시기를 원하셨다는 것을 뜻한다.

다른 이들과 함께 기도하는 것도 좋지만, 우리는 자주 혼자서 기도해야 한다. 다른 이들과 함께 기도할 때에는 홀로 주님께 기도할 때만큼 깊이 주님을 누릴 수 없다. 심지어 주 예수님도 우리가 기도할 때 골방에 들어가 문을 닫고 은밀한 가운데 계시는 아버지께 기도해야 한다고 말씀하셨다(마 6:6). 이렇게 기도할 때 우리는 하나님께서 우리와 얼마나 친밀하시며, 우리가 그분께 얼마나 가까이 있는지를 느끼게 된다. 우리는 무리와 가족과 친구들과 교회 안의 성도들을 떠나서 더 높은 수준에 있는 '높은 산'에 올라가기를 배워야 한다. 우리는 낮은 수준에 있는 땅에 속한 것들을 멀리 떠나 더 높이 올라가야 한다. 우리는 무리와 분별되어 더 높은 수준에 올라가, 홀로 은밀하게 아버지와 함께하며 친밀한 교통을 나누어야 한다. 이것이 산에서 기도 가운데 머문다는 의미이다.

기적의 결과를 함께 누린 모든 이를 아버지께서 축복하시기를 구하심

우리는 왜 주 예수님께서 이 기적 직후에 산으로 가셨는지 생각해 볼 필요가 있다. 요한복음 6장 27절은 그 이유를 밝혀 준다. 이 절은 주님께서 기적을 행하신 후에 "썩어 없어지는 양식을 위해 일하지 말고, 영원한 생명에 이르기까지 없어지지 않는 양식을 위해 일하십시오. 이 양식은 사람의 아들이 여러분에게 줄 것입니다. 왜냐하면 아버지 하나님께서 사람의 아들을 확증하셨기 때문입니다."라고 말씀하셨다고 말한다. 주님은 그분께서 먹이신 사람들에게 썩어 없어지는 양식을 추구하지 말고 영원한 생명에 이르기까지 없어지지 않는 양식을 추구하라고 말씀하셨다. 나는 주님께서 산에 올라가셔서 이렇게 기도하셨다고 믿는다. "아버지, 당신의 축복 아래 당신께 기도드립니다. 당신의 축복하심으로 당신은 오천 명을 먹이셨습니다. 그러나 아버지, 그들은 썩어 없어지는 양식만 추구하고 있습니다. 당신께서 그들을 축복하셔서 그들이 영원한 생명에 이르기까지 썩어 없어지지 않는 양식을 추구하도록 당신을 앙망합니다. 아버지, 제가 당신께서 보내신 이라는 것을 당신은 아십니다. 오직 저만이 영원한 생명에 이르기까지 썩어 없어지지 않는 양식을 그들에게 줄 수 있습니다. 그러나 그들은 저를 이런 식으로 알지 못합니다. 그들은 다만 제가 물질적인 음식을 그들에게 먹이는 기적을 행할 수 있다는 것만 알고 있습니다. 그들은 영원한 생명에 속한 양식을 줄 수 있는 이가 바로 저라는 것을 모르고 있습니다." 나는 주님께서 그들을 더욱 축복하시기 위해 이렇게 기도하셨다고 믿는다.

그분께서 기도하시러 산에 홀로 올라가신 것은 기적의 결과를 함께 누린 모든 이가 썩어 없어지는 양식으로 만족하지 않고 영원한 생명에 이르기까지 없어지지 않는 양식을 추구하도록, 아버지께서 축복하시기를 구하시려는 것이었다. 그것은 그분께서 사람의 아들이실 뿐 아니라, 아버지에 의해 보내어지시고 도장 찍히신 분이시며 그들에게 영원한 생명을 주실 수 있으신 분으로서 하나님의 아들이심을 그들이 알도록 아버지께서 축복하시기를 구하셨다는 것을 나타낸다. 그분께서 오천 명을 먹이신 후에 그들은 그분께서 능력 있으신, 사람의 아들이심을 알게 되었다. 그러나 그들은 그분께서 아버지에 의해 보내어지시고 도장 찍히신 하나님의 아들이심을 깨닫지 못했다. 그분은 그들에게 영원한 생명과 관련된 바로 그 떡을 주실 수 있는 분이셨다. 따라서 그분은 요한복음 6장에서 다시 한번 가르침을 주셨다. 요한복음 6장에서 주님은 자신을 하늘에서 내려온 떡, 생명의 떡으로 계시하신다. 궁극적으로 그분은 이 떡이 바로 그분의 말씀이라고 말씀하셨다. "내가 여러분에게 한 말이 영이요 생명입니다."(63절) 요한복음 3장 34절은 그분께서 하나님의 말씀을 하시며, 또 그 영을 한량없이 주시는 분이시라고 말한다. 그분을 이같이 알기 위해서는 계시가 필요하다. 그러므로 그분은 그들을 위해 홀로 산에서 기도하셨다.

아버지께 어떤 지시를 받으심

또한 그분께서 기도하시러 산에 홀로 올라가신 것은 그분의 기적으로 음식을 공급하신 오천 명의 사람을 어떻게 돌보실지에 관해 아버지께 어떤 지시를 받고자 하셨음을 보여 준다.

마태복음 14장을 이렇게 결정(結晶) 연구의 방식으로 살펴본 것에서, 우리는 주님의 말씀의 내재적인 의미를 보려면 그분에게서 오는 계시가 얼마나 많이 필요한지를 알 수 있다. 떡 다섯 개와 물고기 두 마리로 오천 명을 먹이신 기적을 보는 것은 쉽다. 그러나 이러한 큰 기적을 행하시는 분께 배움으로써 깊은 공과를 알기 위해서는 계시가 요구된다. 이러한 공과는 내재적이고 깊으며 생명에 속한다. 주님께서 행하신 큰 기적을 아는 것은 우리에게 생명을 줄 수 없다. 우리는 단지 주님의 외적인 행하심에 감탄할 수 있을 뿐이다. 그러나 우리가 생명의 공과들에 관련된 이 모든 세부 항목들을 봄으로 주님께서 기적을 행하신 방식에서 그분께 배우는 것은 우리에게 생명을 공급한다. 우리는 이러한 살아 있는 공과를 주님께 배워야 하며, 그럴 때 하나님-사람의 생활 안으로 들어갈 수 있다.

15

첫 번째 하나님-사람의 생활 — 기도의 사람 (6)

The First God-man's Living—a Man of Prayer (6)

제15장

첫 번째 하나님-사람의 생활 — 기도의 사람 (6)

성경: 마 15:36-39, 17:19-21, 18:15-22, 19:13-15

개요

Ⅱ. 천국에서는 왕-구주이시고, 하나님의 복음의 봉사에서는 노예-구주이시며, 하나님의 구원에서는 사람-구주이신 첫 번째 하나님-사람에 관하여 공관 복음서에 기록된, 첫 번째 하나님-사람의 비밀스러운 인간 생활 안에 있는 신성한 사실들.

F. 그분은 떡 일곱 개와 물고기 몇 마리를 가지시고 사천 명을 먹이시는 기적을 행하시면서(마 15:36-39), 다음과 같은 것들을 배우도록 제자들을 다시 훈련시키셨다.

1. 기적을 행하시기 전에 그분은 감사드리셨는데(마 15:36), 이는 다음과 같은 것들을 가리킨다.

a. 그분은 아버지에 의해 보내어지신 이의 위치에 서 계시면서, 사람들에게 필요한 것들을 공급해 주는 근원이신 그분의 아버지를 높이셨다.

b. 그분은 필요한 것들을 공급해 주신 것에, 그리고 모든

일에 아버지 하나님께 감사드리도록 제자들을 훈련시키셨다(살전 5:18, 엡 5:20).

2. 기적을 행하신 후에 그분은 무리를 떠나 마가단 지경으로 가셨는데(마 15:39), 이는 그분께서 무리와 함께 기적의 결과 안에 머물지 않으심으로 그들의 감사를 누리지 않으셨음을 가리킨다.

G. 그분은 왜 자신들은 귀신을 쫓아낼 수 없었는지에 관한 제자들의 질문에 답변하시면서(마 17:19-21) 제자들을 다음과 같이 훈련시키셨다.

1. 그들은 믿음으로 기도해야 한다 — 마 17:20.
2. 그들은 또한 금식하며 기도해야 한다 — 마 17:21.

H. 교회에게 불순종하는 이를 다루시면서(마 18:15-22), 제자들이 다음과 같이 하도록 훈련시키셨다.

1. 두세 사람이 함께 모여 마음을 같이하여 기도함으로써, 불순종하는 이를 하늘에 속한 권위로 묶도록 — 마 18:18-20.
2. 죄를 지은 사람(이는 불순종하는 이를 가리키는 표현일 것임)을 일곱 번씩 일흔 번까지라도 용서하도록 — 마 18:21-22.

I. 사람들이 어린아이들을 예수님께로 데려와 안수하시고 기도해주시기를 바랐으나 제자들이 그들을 꾸짖자(마 19:13-15), 그분은 다음과 같이 하심으로 제자들을 훈련시키셨다.

1. 어린아이들이 그분께 오는 것을 허락하고 막지 않도록 그들을 바로잡으시고, 천국이 이와 같은 사람들의 것임을 알려주심으로 — 마 19:14.
2. 어린아이들에게 안수하심으로 — 마 19:15.

마태복음 11장에서 우리는 주 예수님께서 그분에게서 배우라고 말씀하시는 것을 보았다(29절). 그분은 우리의 원형이시며 본이시다. 우리는 그분의 재생산과 복사판이 되어야 한다. 마태복음 14장에서 떡 다섯 개와 물고기 두 마리로 오천 명을 먹이셨을 때, 주님은 제자들이 단지 큰 기적을 보는 것이 아니라 그분에게서 배우기를 원하셨다. 주님은 생명의 공과들을 주의하셨다.

사천 명을 먹이시는 기적을 행하시면서

기적을 행하시기 전에 감사드리심

그분은 떡 일곱 개와 물고기 몇 마리를 가지시고 사천 명을 먹이시는 기적을 행하시면서(마 15:36-39), 또다시 그분에게서 배우도록 제자들을 훈련시키셨다. 이 기적은 그분께서 큰 무리를 두 번째로 먹이신 기적이었다. 첫 번째는 그분께서 오천 명을 먹이신 것인데, 그때 그분은 하늘을 우러러보시며 떡과 물고기를 축복하셨다. 그분의 축복은 하늘에 계신 아버지에게서 오는 축복 아래 있었다. 그분은 사천 명을 먹이시기 전에 하나님께 감사드리셨다(36절). 나는 주님께서 제자들을 훈련시키시기 위해 의도적으로 이와 같이 하셨다고 믿는다.

근원이신 아버지를 높이심

그분께서 감사드리신 것은 아버지에 의해 보내어지신 이의 위치에서 계시면서, 사람들에게 필요한 것들을 공급해 주는 근원이신 그분의 아버지를 높이셨다는 것을 가리킨다. 이는 사람들에게 필요한 모든 것의 근원이 그분이 아니라 그분의 아버지라는 것을 제자들에게 가르쳐 주었다. 주님께서 그렇게 하지 않으셨다면 사람들은 그분을 근원이라고 생각하여 그분께 영광을 돌렸을 것이다. 보내어지신 이로서 주 예수님은 보내신 분께 감사를 드렸다. 그분은 아버지에 의해 보내어지신 이의 위치에 서 계셨다.

사탄은 주 예수님과 반대였다. 주 예수님은 보내어지신 분으로서, 근원이 아닌 복종하는 이의 위치에 서셨다. 그러나 사탄은 근원을 거스르고 반역하며 자신을 높였다. 이것은 온 우주를 혼돈하게 한 반역이 되었다. 이 땅에서 인간들이 싸울 뿐 아니라, 다니엘서에 따르면 천사들도 싸운다(10:13, 20). 성경은 두 종류의 천사가 있다는 것을 분명하게 보여 준다. 선한 천사들은 하나님과 함께 서 있고 악한 천사들은 사탄을 따른다. 사탄은 요한계시록 12장에서 꼬리로 하늘의 별의 삼분의 일을 끌어다가 던지는 붉은 용으로 비유된다(3-4절). 여기에서 하늘의 별들은 천사들을 상징한다(욥 38:7, 사 14:12). 하늘의 별들 가운데 삼분의 일은 사탄이 하나님께 반역했을 때 사탄을 따른 타락한 천사들이다. 이 전쟁은 하늘과 땅 두 곳에서 일어났다. 오늘날 이 땅은 반역과 전쟁으로 가득하다. 국제 연합은 평화를 지키려 노력하지만 거기에는 길이 없다. 심지어 교회 안에서도 무질서가 나타난다. 그러므로 신약의 가르침에 따르면, 주 예수님은 좋은 질서가 지켜지도록 본을 세우셨다. 그분은 항상 아버지에 의해 보내어지신 이의 위치에 서 계셨다.

그분은 기적을 행하셨을 때에도 사람의 위치에 계셨다. 그분은 이 땅에서 사역하시던 삼 년 반 동안, 하나님께 복종하는 사람으로서 행동하셨다. 이것은 사탄을 부끄럽게 했다. 이것이 주님께서 사탄은 그분 안에서 아무것도 가질 수 없다고 말씀하신 이유이다(요 14:30하). 사탄이 그분 안에서 아무것도 가질 수 없었던 것은 그분께서 아버지께 복종하심으로 사탄을 쫓아내셨기 때문이다. 오늘날 주님의 회복에서, 우리는 어떻게 몸 안에서 합당한 복종의 질서를 지키는지를 반드시 배워야 한다. 워치만 니 형제님은 이것을 매우 강조하였다. 주님은 이것을 많이 가르치지는 않으셨지만, 제자들을 훈련시키시기 위해 이러한 방식으로 행하셨다. 이것이 그분께서 제자들에게 그분의 멍에를 메고 그분께 배우라고 말씀하신 이유이다. 오늘날 우리는 주님의 본을 따라야 한다. 우리는 그분을 본받아야 하는 모형으로 취하여, 사람들에게 필요한 것들을 공급해 주는 근원이신 그분의 아버지를 높이며 그분의 아버지에 의해 보내어진 이의 위치에 서 있어야 한다.

아버지 하나님께 감사드리도록 제자들을 훈련시키심

그분은 필요한 것들을 공급해 주신 것에, 그리고 모든 일에 아버지 하나님께 감사드리도록 제자들을 훈련시키셨다. 데살로니가전서 5장 18절과 에베소서 5장 20절에서 바울은 모든 일에 하나님께 감사하라고 말했다. 이것은 매우 중요하다. 우리는 어떤 것도 한낱 형식으로 만들기를 원하지 않는다. 그러나 모든 것을 행함에서, 심지어 일상적인 일들 가운데서도 우리는 "주님, 이것에 대해 주님께 감사드립니다. 주님께서 창조하신 모든 것은 제게 필요한 것들을 공급하시기 위해 준비하신 것입니다. 이것은 주님의 긍휼과 신성한 공급하심에 의한 것입니다."라고 말해야 한다. 우리는 주님의 모든 물질적인 축복들과 영적인 축복들에 대해 그분께 감사드려야 한다.

기적을 행하신 후에 무리를 떠나 마가단 지경으로 가심

오천 명을 먹이신 후에 그분은 무리를 떠나 기도하시러 홀로 산에 올라가셨다(마 14:23). 또한 사천 명을 먹이신 후에 그분은 무리를 떠나 마가단 지경으로 가셨다(마 15:39). 이는 그분께서 무리와 함께 기적의 결과 안에 머물지 않으심으로 그들의 감사를 누리지 않으셨음을 가리킨다. 이것은 우리에게 하나의 본이다. 말씀을 전하고 좋은 집회를 할 때마다, 우리는 사람들의 칭찬을 누리기 위해 무리와 함께 머물고 싶어 한다. 그것은 육체에 속한 것이다. 첫 번째로 사람들을 먹이셨을 때, 그분은 무리를 떠나 기도하시러 홀로 산에 올라가셨다. 두 번째 경우에도 그분은 감사하는 무리를 떠나 마가단 지방으로 가셨다.

왜 자신들은 귀신을 쫓아낼 수 없었는지에 관한 제자들의 질문에 답변하심

믿음으로 기도함

제자들은 귀신을 쫓아내려고 시도했지만 성공하지 못했다. 그래서 그들은 그 이유를 주님께 여쭈었다. 그분은 믿음으로 기도해야 한다고 대답하심으로 제자들을 훈련시키셨다(마 17:19-20). 중국에서의 사역 초기에 우리 가운데서는 여러 번 귀신을 쫓아내는 사례가 있었지만, 지금은 그렇지 않다. 우리가 귀신을 쫓아내려고 한다면 귀신들은 우리를 비난할 것이다. 귀신들이 우리를 비난하면, 우리는 확신을 잃어버리게 되어 믿음 없는 기도를 하게 될 수 있다. 이것이 우리가 "사탄아, 너는 패배당했다. 너는 패배한 원수이다. 주 예수님께서 너를 십자가에 못 박으셨다. 우리에게는 우리를 덮는 어린양의 피가 있다. 이 피가 너의 비난을 이긴다."라고 선포하는 이유이다. 이것이 마귀를 패배시키는 우리의 증언하는 말이다(참조 계 12:11과 각주 3). 이것은 믿음으로 기도하도록 우리에게 확신을 준다.

금식하며 기도함

주님은 또한 우리가 금식하며 기도할 필요가 있다고 말씀하셨다(마 17:21). 때때로 마귀는 매우 끈질기며 떠나가지 않는다. 이것이 우리가 믿음으로 기도하고, 또한 금식하며 기도해야 하는 이유이다. 이 믿음과 금식 두 가지가 우리의 타고난 존재와 육체를 내려놓게 한다. 우리가 육체 안에 있다면, 믿음을 갖거나 참된 방식으로 금식할 수 없다. 믿음으로 기도하는 것은 하나님을 접촉하고 하나님으로 적셔진 결과 그분을 믿게 되어 그분을 높이는 것이며, 금식하는 것은 자아를 처리하고 자신을 내려놓는 것이다.

교회에게 불순종하는 이를 다루시면서

하늘에 속한 권위로 불순종하는 이를 묶음

주님은 교회에게 불순종하는 이를 다루시면서, 두세 사람이 함께 모여 마음을 같이하여 기도함으로써 불순종하는 이를 하늘에 속한 권위로 묶도록 제자들을 훈련시키셨다(마 18:18-20). 마태복음 18장 15절부터 22절까지는 자신을 목양하러 온 사람에게 한 차례 순종하지 않는 한 형제의 사례를 묘사한다. 그가 듣지 않으면, 목양하러 간 사람은 한두 사람을 더 데리고 간다. 그래도 그가 거스르면 그들은 교회에게 말한다. 그가 교회의 말도 듣지 않으면, 그는 교회의 교통을 잃게 되고 교회의 교통 밖에 있는 이방인과 세리와 같게 될 것이다.

주 예수님은 하늘에서 주신 권위로 그러한 거역적인 이를 묶으라고 제자들에게 말씀하셨다. 우리가 묶는 것은 하늘에서 묶일 것이다. 특히 장로들은 그러한 거역적인 이들을 어떻게 묶는지 배워야 한다. 우리는 사람을 육체적인 방식 안에서 외적으로 묶어서는 안 된다. 두세 사람이 자신에 의해서가 아니라, 몸의 원칙 안에서 함께 모여 하늘의 권위로 묶어야 한다. 두세 사람은 몸의 동역을 대표한다.

이 두세 사람은 상황을 논의하기 위해 오는 것이 아니라 마음을 같이 하여 기도하기 위해 함께 모인다. 하늘에 속한 권위를 가지려면 사람들 사이에 조화가 있어야 한다. 마음을 같이하여 기도하는 것은 마치 음악 소리가 조화되는 것과 같다. 거역적인 이를 묶는 것에 관해 우리가 말하는 모든 것은 하나님께 음악과 같아야 하고, 원수 사탄에게는 그를 패배시키는 것이어야 한다. 우리가 내적으로 의견이 가득하고 서로 일치되지 않는다면, 마귀는 우리의 마음을 알 것이다. 남편과 아내가 마음을 같이하기는 매우 어렵다. 심지어 교회생활에서 성도들의 경우도 마찬가지이다. 장로들이 마음을 같이하지 않는다면 장로 직분은 상실된다. 그들은 주님의 권위를 행사할 수 없다.

누구든지 교회생활 안에서 마음을 같이하지 않고 거스르기까지 하는 사람은 손실을 당할 것이다. 주 예수님은 큰 반역자인 사탄을 참으로 부끄럽게 하는 본을 세우셨다. 이 우주 안에서 예수 그리스도라는 이름을 가진 한 사람만이 절대적으로 끊임없이 아버지께 복종하셨고, 삼일성 가운데서 자신의 위치에 서 계심으로 조화를 지키셨다.

죄를 지은 사람을 용서함

마태복음 18장 21절과 22절은 "그때에 베드로가 예수님께 나아와 '주님, 형제가 나에게 죄를 지으면 몇 번이나 용서해 주어야 합니까? 일곱 번까지 해야 합니까?'라고 하니, 예수님께서 그에게 말씀하셨다. '일곱 번만이 아니라 일곱 번씩 일흔 번까지라도 해야 합니다.' "라고 말한다. 이 절의 문맥에 따르면, 죄를 지은 그 사람은 앞에서 불순종한 사람일 것이다. 아마 베드로는 어떤 불순종한 사람이 그에게 죄를 지었기에 이렇게 여쭈었을지도 모른다. 베드로는 강했고 솔직하게 말하는 사람이었기 때문에 주님께 몇 번이나 그의 형제를 용서해야 하는지를 여쭈었다. 주님은 우리가 불순종한 형제를 용서하려 한다면 일곱 번씩 일흔 번, 즉 사백구십 번을 용서해야 한다고 말씀하셨다. 묶는 것은 쉬우나 용서하는 것은 어렵다. 아내와 남편은 서로를 묶지 말고 서로를 용서해야 한다. 하늘에 속한 왕국 생활을 하는 사람은 상처받았다는 느낌을 갖지 않는다. 우리가 왕국 안에서 더 많이 살수록, 다른 이들에게 상처받았다고 느끼지 않게 될 것이다. 심지어 그들이 우리에게 잘못된 일을 많이 했을지라도 그럴 것이다.

사람들이 어린아이들을 주님께로 데려옴

사람들이 어린아이들을 주님께로 데려와 안수하시고 기도해 주시기를 바랐으나 제자들은 그들을 꾸짖었다(마 19:13-15).

제자들을 바로잡으심

주님은 어린아이들이 그분께 오는 것을 허락하고 막지 않도록 제자들을 바로잡으심으로, 그들을 훈련시키셨다. 이것은 천국이 그와 같은 이들의 것임을 가리킨다(마 19:14). 모든 왕국 백성은 어린아이와 같아야 한다. 제자들이 주님께 나아오는 아이들을 꾸짖은 것은 자신이 성숙했고 특별하다고 느꼈다는 것을 가리킨다. 우리는 결코 이런 식으로 교만해서는 안 된다. 우리는 결코 약한 이들, 타락한 이들, 실수하고 물러난 이들, 우리가 느끼기에 자라지 않은 이들을 거절하지 말아야 한다. 주님을 섬길 때 우리는 그러한 이들을 돌보아야 한다. 갈라디아서 6장에서 바울은 잘못을 저지른 사람을 온유한 영으로 바로잡아 주어야 한다고 명령한다(1절).

어린아이들에게 안수하심

주님은 또한 어린아이들에게 안수하심으로 제자들을 훈련시키셨다(마 19:15). 주님의 축복은 그분의 손과 함께한다. 그분께서 어린아이들에게 안수하신 것은 그분께서 결코 어린아이와 같은 이들, 즉 약한 이들과 실수한 이들과 패배한 이들을 거절하지 않으셨음을 가리킨다. 주님은 그러한 이들을 잊지 않으신다. 주님은 그들에게 축복을 주실 것이다. 이러한 모든 항목은 우리에게 큰 가르침을 주며, 주님의 유익을 위해 어떻게 사람들을 대하고 어떻게 사람들 가운데 있어야 하는지를 보여 준다.

16
첫 번째 하나님-사람의 생활 — 기도의 사람 (7)

The First God-man's Living—
a Man of Prayer (7)

제16장

첫 번째 하나님-사람의 생활 — 기도의 사람 (7)

성경: 마 21:18-22, 막 11:20-24, 마 24:15-22, 26:20-30, 36-46

개요

Ⅱ. 천국에서는 왕-구주이시고, 하나님의 복음의 봉사에서는 노예-구주이시며, 하나님의 구원에서는 사람-구주이신 첫 번째 하나님-사람에 관하여 공관 복음서에 기록된, 첫 번째 하나님-사람의 비밀스러운 인간 생활 안에 있는 신성한 사실들.

J. 첫 번째 하나님-사람은 무화과나무를 저주하시어 즉시로 말라 버리게 하시면서 제자들에게 믿음으로 기도하는 법을 가르치셨다 — 마 21:18-22, 막 11:20-24.

1. 여기에서 첫 번째 하나님-사람의 가르침은 하나님의 경륜의 성취를 위한 하나님의 뜻에 따른 것이었다.

a. 무화과나무는 이스라엘 나라를 상징한다(렘 24:2, 5, 8).

b. 이스라엘 나라는 부패하여 하나님의 경륜을 수행할 역량을 잃어버렸다.

c. 첫 번째 하나님-사람께서 그들 가운데서 사역하시고 나

서도 그들이 열매를 맺지 못하고 잎사귀만 남은 상태에 머물렀기 때문에, 하나님은 그들을 포기하시기로 결정하셨다 — 마 21:33-43.

d. 이 시점에서 첫 번째 하나님-사람은 하나님의 경륜을 이루려는 하나님의 뜻에 따라 그 나무를 저주하시어 마르게 하셨다 — 마 21:19.

2. 이러한 배경에 근거하여, 첫 번째 하나님-사람은 하나님의 경륜에 따라 그분의 뜻을 집행하도록 믿음으로 기도할 것을 제자들에게 가르치셨다 — 마 21:21-22.

3. 그러므로 기도하는 사람은 의심하지 않고 하나님을 믿을 수 있으며, 구하는 것을 이미 받은 줄로 믿음으로 그대로 그에게 이루어질 것이다 — 막 11:24.

K. 첫 번째 하나님-사람은 돌아온 이스라엘이 장래에 대환난을 겪을 것을 예언하시면서, 어떻게 이것을 기도로 피할 수 있는지 그들에게 가르치셨다 — 마 24:15-22.

1. 그들은 피신하는 일이 겨울에나 안식일에 일어나지 않도록 하나님께 구해야 한다 — 마 24:20.

2. 그들은 하나님께서 기후나 주변 환경을 통제하시는 분이심을 믿어야 한다.

L. 그분은 사람들에게 붙잡히시어 심판받으시고 십자가형을 선고받으시기 전에 겟세마네에서 기도하시면서, 그분에게서 기도하는 법을 배우도록 제자들에게 가르치셨다 — 마 26:20-30, 36-46.

1. 유월절 잔치 후에, 그분은 떡을 떼고 잔을 마심으로 그분을 기념하는 법을 제자들에게 가르치셨다 — 마 26:20, 26-29.

2. 그분은 깊은 밤에 조용한 장소인 겟세마네로 제자들을 데리고 가셔서 기도하시려는 부담을 갖고 계셨다 — 마 26:30, 36.

3. 그분은 베드로와 요한과 야고보를 따로 데리고 가시어, 슬퍼하시고 깊이 고민하시면서 “내 혼이 심히 슬퍼 죽을 지경

에 이르렀으니"라고 말씀하시고, 그들에게 거기 머물러 그분과 함께 깨어 있기를 요청하셨다 — 마 26:37-38.

a. 그분은 조금 더 나아가시어, 얼굴을 땅에 대시고 엎드리셔서 기도하시면서 "나의 아버지, 하실 수만 있으시다면, 이 잔을 나에게서 지나가게 해 주십시오. 그러나 나의 뜻대로 하지 마시고 아버지 뜻대로 하십시오."라고 말씀하셨다 — 마 26:39.

b. 그분은 두 번째 나아가 기도하시면서 "나의 아버지, 내가 마시지 않고는 이 잔이 나에게서 지나갈 수 없다면, 아버지의 뜻대로 하십시오."라고 말씀하셨다 — 마 26:42.

c. 그분은 그들을 두시고 다시 나아가시어 세 번째 같은 말씀으로 기도하셨다 — 마 26:44.

4. 여기에서 첫 번째 하나님-사람의 기도는 공관 복음서의 모든 기도와 같이, 인성 안에 계신 그분께서 하신 기도였다. 이 기도는 그분께서 지극히 슬퍼하시고 깊이 고민하실 때 드려졌으며, 그분께서 하나님께 자신을 죽음에서 구원해 달라고 크게 부르짖으시며 눈물로 간구와 간청을 드리셨다고 한 히브리서 5장 7절의 바울의 글과 일치한다.

5. 이 기도는 그리스도의 신성한 가르침의 결론인 요한복음 17장에서 그리스도께서 그분의 신성 안에서 하신 기도 이후의 기도이다. 이 신성한 가르침은 요한복음 14장부터 16장까지에 있는, 과정을 거치시고 완결되신 삼일 하나님과 그분께 선택받고 구속받은 사람들의 연결, 연합, 합병에 관한 것이다. (그리스도의 신성 안에서의 기도는 "위트니스 리 고봉 메시지", 10권, 요한복음 결정 연구에서 다루어진다.)

우리는 첫 번째 하나님-사람께서 천국의 왕-구주이신 그분의 인성 안에서 하신 기도에 대해 교통했다. 공관 복음서인 마태복음과 마가복음과 누가복음에 있는 모든 기도는 인성 안에 계신 그분에 의해 드려졌다. 이러한 기도들은 요한복음 17장에 있는 기도와 다른 범주에 속한다. 주님께서 요한복음 17장에서 하신 기도는 14장부터 16장까지에 있는, 과정을 거치시고 완결되신 삼일 하나님과 그분께 선택받고 구속받은 사람들의 연결, 연합, 합병에 관한 가르침 이후에 드려졌다. 이 기도는 그리스도께서 인성이 아니라 신성 안에서 하나님께 드리신 기도이다.

이 장에서 마태복음에 있는 그리스도의 기도의 세 가지 사례를 더 보려고 한다. 우리는 이러한 기도들이 하나님의 경륜을 성취하기 위한 하나님의 뜻과 관련되어 있음을 볼 필요가 있다.

무화과나무를 저주하시면서 제자들에게 믿음으로 기도하는 법을 가르치심

첫 번째 하나님-사람은 무화과나무를 저주하시어 즉시로 말라 버리게 하시면서 제자들에게 믿음으로 기도하는 법을 가르치셨다(마 21:18-22, 막 11:20-24).

그분의 가르침은 하나님의 뜻에 따른 것임

여기에서 첫 번째 하나님-사람의 가르침은 하나님의 경륜의 성취를 위한 하나님의 뜻에 따른 것이었다. 기도에 관한 주님의 가르침이 하나님의 경륜과 관련된다는 것을 본 사람은 많지 않다. 하나님의 경륜은 그분의 뜻을 수행하는 그분의 신실한 백성에 의해 성취된다. 제자들에게 믿음으로 기도하라고 가르치신 분은 첫 번째 하나님-사람이신 그리스도이셨다. 그분만이 유일하게 하나님 앞에 절대적으로 올바른 분이시다. 그러한 기도를 드리기 위해 우리는 반드시 하나님의 뜻을 행하는 올바른 사람들이 되어야 한다. 이것은 우리가 어디로 가야 하는지와 같은 작은 일에서의 하나님의 뜻을 말하는 것이 아니라, 하나님의 경륜을 성취하기 위한 그분의 위대한 뜻을 말하는 것이다. 오늘날 많은 그리스도인이 '하나님의 뜻'이라는 말을 매우 얕고 가볍게 사용한다. 우리는 하나님의 경륜을 성취하기 위해 하나님의 뜻을 수행하는 사람들이 되어야 한다. 하나님의 경륜은 그분의 선한 기쁨을 위해 하나의 유기체를 산출하는 것이다. 이스라엘은 이 문제에서 하나님을 실망시켰다. 그리하여 하나님은 교회에게 오셨고, 교회가 그분의 유기체가 되기를 바라셨다. 일반적으로 말해서 결국 교회도 하나님을 실망시켰다. 우리가 수행해야 할 하나님의 참된 뜻은 무엇인가? 그것은 하나님의 유기체를 산출하고 건축하는 일을 계속하는 것이다. 이 유기체는 그리스도의 몸으로서 새 예루살렘을 완결할 것이다.

무화과나무의 상징

무화과나무는 이스라엘 나라를 상징한다(렘 24:2, 5, 8).

이스라엘 나라는 하나님의 경륜을 수행할 역량을 잃어버림

이스라엘 나라는 부패하여 하나님의 경륜을 수행할 역량을 잃어버렸다. 요한계시록 2장에서 주님은 첫 번째 서신을 첫 번째 교회인 에베소 교회에게 보내셨다. 그 서신은 에베소 교회가 예수님의 증거를 밝히는 역량을 잃어버렸으므로 주님께서 그 등잔대를 옮기실 것이라고 말한다

(5절). 똑같은 일이 고대 이스라엘에도 일어났다. 사실상 이스라엘은 하나님에 의해 세워져 온 땅 위에 하나님의 증거를 밝히는 하나의 등잔대(슥 4:2)였다. 그러나 이스라엘은 부패하여 그러한 역량을 잃어버렸다.

열매 맺지 못하는 상태

첫 번째 하나님-사람께서 이스라엘 가운데서 사역하시고 나서도 그들이 열매를 맺지 못하고 잎사귀만 남은 상태에 머물렀기 때문에, 하나님은 그들을 포기하시기로 결정하셨다(마 21:33-43). 주님은 그들 가운데서 삼 년 반 동안 사역하셨다. 분명 그분은 최고의 사역자이셨고, 그분의 사역은 최고의 사역이었다. 그러나 그러한 것이 하나님께 선택받은 이 나라에 아무 효과가 없었기 때문에 하나님은 그들을 포기하시기로 결정하셨다. 마태복음 21장 33절부터 43절까지에서 주님은 비유를 드시면서 그들이 하나님의 왕국을 빼앗길 것이고, 그 왕국의 열매를 맺는 백성은 받을 것이라고 말씀하셨다. 이 백성이 교회이다.

하나님의 경륜을 이루려는 하나님의 뜻에 따라
그 나무를 저주하시어 마르게 하심

하나님의 눈에 올바른 분이신 주 예수님은 하나님의 마음을 아신다. 그분은 하나님의 경륜을 이루려는 하나님의 뜻을 아셨기 때문에, 이 뜻에 따라 무화과나무를 저주하시고 부패해 버린 이스라엘을 버리셨다(마 21:19).

기도할 것을 제자들에게 가르치심

이러한 배경에 근거하여, 첫 번째 하나님-사람은 하나님의 경륜에 따라 그분의 뜻을 집행하도록 믿음으로 기도할 것을 제자들에게 가르치셨다(마 21:21-22).

의심하지 않고 하나님 안에서 믿음을 가짐

그러므로 기도하는 사람은 의심하지 않고 하나님을 믿을 수 있으며, 구하는 것을 이미 받은 줄로 믿음으로 그대로 그에게 이루어질 것이다(막 11:24). 기도하는 사람은 지금 하나님과 하나이며, 하나님과의 연합 안에 있다. 그는 하나님과 연합되었기 때문에 하나님께서 그의 믿음이 되셨다. 마가복음 11장 22절에 있는 주님의 말씀에 따르면 이것이 하나님을 믿는다는 의미이다. 기도하는 사람은 하나님과 절대적으로 하나이며, 하나님은 그의 믿음이 되신다.

마가복음 11장 24절에서 주님은 "여러분이 기도하고 구하는 것은 무엇이든지 이미 받은 줄로 믿으십시오. 그리하면 여러분에게 그대로 이루어질 것입니다."라고 말씀하셨다. 나는 이 절을 체험한 것에 관해 두 가지 간증을 하고자 한다. 첫 번째는 러시아로의 주님의 움직임에 관한 것이다. 1991년에 미국이 이라크를 패배시키고 얼마 되지 않아, 어느 날 나에게 이런 생각이 떠올랐다. '왜 러시아로 가지 않는가? 지금이 바로 그때이다.' 인도하는 동역자들과 이 문제에 관해 교통할 때 그들 모두가 나의 말에 동의했다. 그래서 우리는 러시아를 향한 주님의 인도를 따라야 한다고 성도들에게 공표했다. 곧바로 주님의 이러한 움직임을 위한 몸의 반응이 일어났다. 나는 우리가 성공을 거두리라는 완전한 믿음이 있었다는 것을 간증할 수 있다. 러시아에 가기로 결정한 그때, 많은 성도가 애너하임에서 두 학기의 전시간 훈련을 마침으로 예비되어 있었다. 그들은 이러한 움직임에 반응하였고 1991년 11월에 삼십 명 이상의 성도가 러시아로 갔다. 교회들은 즉시 재정적인 지원을 하기 시작했다. 오늘 러시아에는 모스크바와 상트페테르부르크 두 곳에 큰 교회가 있다. 최근에는 서른다섯 곳 이상에 교회들이 세워졌다. 또한 많은 지역에서, 교파를 떠난 추구하는 그리스도인의 무리들이 우리의 도움을 받아 지방 교회*들로 세워지도록 우리의 방문을 기다리고 있다. 형제들은 올해 말까지 러시아에 견고히 세워진 교회들이 오십여 곳에 이르리라고 예측했다. 주님은 러시아 외에도 폴란드와 알바니아와 루마니아와 아르메니아 같은 다른 동부 유럽 국가에서도 움직이고 계신다. 이것은 주님께서 행하신 것이다. 우리는 다만 그분의 인도를 따랐다. 우리가 러시아로 간 것은 그분의 경륜을 성취하기 위한 그분의 뜻이었다. 이는 의심하지 않고 하나님을 믿은 우리가, 구한 것을 이미 받은 줄로 믿음으로 그대로 우리에게 이루어진 것에 대한 체험이다. 우리는 그분의 경륜을 성취하기 위해 그분의 뜻에 따라 기도해야 한다. 그럴 때 하나님과 하나가 되며 하나님의 눈에 올바른 사람들이 된다. 그때 우리는 구한 것을 이미 받았다는 확신을 갖게 된다.

나의 두 번째 간증은 내가 1943년에 했던 체험과 관련이 있다. 그때는 중국과 일본 사이의 전쟁에서 매우 중요한 해였다. 내가 있는 도시를 침략한 일본 헌병들 때문에 나는 심한 어려움을 겪고 있었다. 어느 날 저녁에 꿈을 꾸었는데, 주님은 내가 그들에게 어떤 해도 입지 않을 것임을 확신하게 해 주셨다. 꿈속에서 나는 걸어가다가 네 계단이 있는 비탈에 이르렀다. 계단을 내려가자 셰퍼드 한 마리가 뛰어올라 앞발로 나를 덮쳤다. 그러나 그 개는 나에게 해를 입히지 못했다. 그 개가 나를 괴롭

---

* '지방 교회(local church)'는 교회나 교단의 이름이 아니라, 한 도시에 하나의 교회가 있어야 한다는 성경의 원칙에 따라, 유일한 우주적인 교회의 한 표현으로서 '각 지방에 있는 교회'를 가리킴—역자 주

히는 것을 멈추었을 때, 나는 아침에 동트는 듯한 여명을 보는 동시에 아주 밝고 곧은 대로를 보았다. 나는 잠에서 깬 후에 이것이 평범한 꿈이 아니라는 것을 깨달았다.

나는 이 꿈에 대해 생각하는 도중에 이것을 이해할 수 있게 되었다. 그 네 계단은 중국 내에서 매우 어려웠던 시기인 전쟁의 마지막 사 년이었다. 일본과 중국 사이에 팔 년간의 전쟁이 있었고, 미국이 참전한 그 마지막 사 년은 아주 힘들었다. 일본 헌병들은 나를 체포했다. 그러나 나는 체포되기 전에 이 꿈을 꾸었다. 나는 셰퍼드가 일본군을 상징한다는 것을 깨달았다. 그들은 나를 괴롭혔지만 결국 어떤 상처도 주지 못했다. 이러한 어려움이 지나간 후에, 동이 터 오는 넓고 빛나는 대로가 있었다. 그러므로 나는 일본군에게 어려움을 당한 후에 주님께서 그러한 대로로 나를 이끄실 것임을 알았다.

나는 오십삼 년 전, 불과 서른아홉 살이던 1943년에 이 꿈을 꾸었다. 그 후에 나는 일본군에 의해 투옥되었던 것 때문에 폐결핵을 앓게 되었다. 의사는 여섯 달 동안 자리에 누워 절대 안정을 취해야 한다고 권고했다. 나는 1944년 10월에 옌타이(煙臺)를 떠났고, 1945년에 일본이 항복할 때까지 칭다오(靑島)에서 일 년 정도 휴식을 취했다. 전쟁 이후에, 상하이와 난징(南京)에 있는 형제들이 내게 교회들을 방문해 달라고 부탁했다. 1948년에 중국의 정치적 상황이 변했고, 니 형제님은 나를 대만에 보내기로 결정했다. 나는 그리스도를 공급함으로써 교회들을 세우고 건축하기 위해 1949년에 대만으로 갔다. 결국 나는 미국에 오게 되었고 1962년부터 미국에서 주님의 회복을 위해 사역하기 시작했다. 나는 미국에 오리라고는 꿈도 꾸지 못했다. 오늘날 온 땅은 회복을 향해 열려 있다. 나는 교회생활 안에 있던 모든 시간 동안, 오늘날과 같은 교회들 간의 조화, 장로들 간의 조화, 동역자들 간의 조화를 본 적이 없다. 우리는 오늘 그분의 긍휼과 은혜로 이 땅 위에 모든 교회와 동역자와 장로가 조화 가운데 있다고 자랑할 수 있다. 모든 징조가 우리를 격려한다. 모든 보고가 아름답다. 주님은 모든 곳에서 일하고 계신다. 주님의 회복을 향해 문이 열린 것은 그분의 행하심이다. 이 움직임을 위하여, 나는 구한 것을 받은 줄로 믿으며 안식 가운데 기도했다.

우리가 주님께 자신의 갈망을 만족시키는 것들을 구한다면 아무것도 받지 못할 것이다. 그것은 우리의 기도가 하나님의 경륜의 성취를 위한 하나님의 뜻에 따른 것이 아니며, 우리가 올바른 사람들이 아니기 때문이다. 무엇보다도 우리는 절대적으로 하나님과 하나 된 올바른 사람들이어야 한다. 삼십 일 동안 일본군에 의해 투옥되어 있던 어느 날 밤, 나는 눈을 들어 말했다. "주님, 제가 왜 여기 있는지 주님은 아십니다." 그때 주 예수님께서 바로 내 앞에 계시는 것 같았다. 나는 확신을 가지고 주님께 말씀드렸다. "주님, 저는 주님을 위해 투옥되었습니다." 먼저 우리는 하나님 앞에서 올바른 사람, 곧 하나님과 하나 된 사람이어야 한다. 그럴 때 우리는 하나님을 우리의 믿음으로서 가질 수 있고, 하나님의 경륜의 성취를 위한 하나님의 뜻에 관해 우리가 아는 바에 따라 기도할 수 있다. 하나님의 경륜이 아닌 자신의 목적을 이루기 위해 하나님의 뜻에 따르지 않고 자신의 갈망에 따라 무언가를 기도한다면, 우리는 하나님을 믿지 못할 것이며 자신이 구하는 것을 이미 받았다는 것을 믿지 못할 것이다.

그들에게 어떻게 기도로 피할 수 있는지 가르치심

첫 번째 하나님-사람은 돌아온 이스라엘이 장래에 대환난을 겪을 것을 예언하시면서, 어떻게 이것을 기도로 피할 수 있는지 그들에게 가르치셨다(마 24:15-22). 하나님의 경륜에 따르면, 하나님은 이스라엘을 포기하셨으나 영원히 포기하신 것은 아니다. 이것은 일시적인 문제이다. 마태복음 21장에서 주 예수님은 이스라엘의 인도자들에게 하나님께서 그들을 버리셨다고 말씀하셨다. 그다음으로 24장에서 주님은 버려진 이스라엘이 결국 그들의 거룩한 땅에 돌아올 것이라고 예언하셨다. 그러나 적그리스도로 인하여 이 시대의 끝에 거룩한 땅에서 대환난이 일어날 것이고(21절), 이스라엘은 괴로움을 당할 것이다. 주님은 그들에게 하나님께서 그들을 구원하시기를 기도하라고 말씀하셨다.

피신하는 일이 겨울에나 안식일에 일어나지 않도록

주님은 피신하는 일이 겨울에나 안식일에 일어나지 않도록 하나님께 구해야 한다고 그들에게 말씀하셨다(마 24:20). 겨울은 피신하기 어려운 때이다. 또한 안식일에는 가까운 거리만 다닐 수 있었는데(참조 행 1:12과 각주 2), 이 거리는 피신하기에는 충분하지 않은 거리였다.

하나님께서 통제하시는 분이심을 믿음

그들은 하나님께서 기후나 주변 환경을 통제하시는 분이심을 믿어야 한다. 겨울에 피신하지 않도록 기도하는 것은 하나님께서 날씨를 통제하시도록 구하는 것이다. 피신하는 일이 안식일에 일어나지 않도록 기도하는 것은 하나님께서 그들의 환경을 돌보시도록 구하는 것이다. 하나님께 무언가를 행하시도록 구할 때 우리는 반드시 올바른 사람, 즉 이 땅에서의 하나님의 경륜을 위한 사람이어야 한다. 또한 우리는 반드시 하나님과 하나여야 한다. 그럴 때 우리는 우리가 기도를 드리는 바로 그 하나님께서 기후를 통제하시고 세계정세를 다스리시는 분이심을 믿을 수 있다.

겟세마네에서의 그분의 기도

그분은 사람들에게 붙잡히시어 심판받으시고 십자가형을 선고받으시기 전에 겟세마네에서 기도하시면서, 제자들이 기도하는 법을 그분께 배우도록 가르치셨다(마 26:20-30, 36-46).

그분을 기념하는 법을 제자들에게 가르치심

유월절 잔치 후에, 그분은 떡을 떼고 잔을 마심으로 그분을 기념하는 법을 제자들에게 가르치셨다(마 26:20, 26-29). 그분은 먼저 구약에 따라 유월절 음식을 드셨다. 그리고 잔치의 끝에 그분은 주님의 상을 세우셨고, 떡을 떼고 잔을 마심으로 그분을 기념하게 하셨다.

겟세마네로 가시려는 부담을 가지심

그분은 깊은 밤에 조용한 장소인 겟세마네로 제자들을 데리고 가셔서 기도하시려는 부담을 갖고 계셨다(마 26:30, 36).

슬퍼하시고 깊이 고민하심

그분은 베드로와 요한과 야고보를 따로 데리고 가시어, 슬퍼하시고 깊이 고민하시면서 “내 혼이 심히 슬퍼 죽을 지경에 이르렀으니”라고 말씀하시고, 그들에게 거기 머물러 그분과 함께 깨어 있기를 요청하셨다(마 26:37-38). 그분은 슬퍼하셨고 심지어 땀이 핏방울같이 되어 땅에 떨어졌다(눅 22:44). 이것은 그분께서 하나님의 타락한 백성을 위해 하나님의 구속을 성취하시려 죽으셔야 한다는 중대한 위임의 의미를 완전히 깨달으셨기 때문이다. 이 부담은 너무나 막중했다. 우리는 그분께서 사람이셨다는 것을 잊어서는 안 된다. 십자가에 못 박히는 것은 심한 고통이다. 그분은 배반자 유다가 그분을 체포하기 위해 사람들을 데리고 올 것도 아셨다. 인성 안에 계신 그분은 지극히 슬퍼하셨고, 죽을 정도까지 괴로워하셨다. 그분은 기도하시기 위해 제자들을 겟세마네 동산으로 이끌고 가셨다. 그곳에 도착했을 때 그분은 세 명의 친밀한 제자인 베드로와 요한과 야고보를 따로 데리고 가셨다. 이것은 우리가 얼마나 가까이에서 주님을 따를 수 있는지는 우리와 그분 사이의 상태에 달려 있음을 보여 준다. 그 후 주님은 이 세 사람을 떠나 기도하러 가셨다.

그분은 조금 더 나아가시어, 얼굴을 땅에 대시고 엎드리셔서 기도하시면서 “나의 아버지, 하실 수만 있으시다면, 이 잔을 나에게서 지나가게 해 주십시오. 그러나 나의 뜻대로 하지 마시고 아버지 뜻대로 하십시오.”라고 말씀하셨다(마 26:39). ‘이 잔’은 십자가에서의 그분의 죽음을 가리킨다. 인성 안에 계신 그분은 고통받으시는 가운데 복종하셨다. 인성 안에 계신 그분께 그러한 고통은 견디기 힘든 것이었지만, 그분은 자신의 뜻이 아닌 아버지의 뜻이 이루어지기를 기도하셨다. 그분은 두 번째 나아가 기도하시면서 “나의 아버지, 내가 마시지 않고는 이 잔이 나에게서 지나갈 수 없다면, 아버지의 뜻대로 하십시오.”라고 말씀하셨다(마 26:42). 그분은 그들을 두시고 다시 나아가시어 세 번째 같은 말씀으로 기도하셨다(마 26:44). 빌립보서 2장은 그분께서 자신을 낮추시고 순종하시어 죽기까지 하셨으며 심지어 십자가에서 죽으셨다고 말한다(8절).

죽음에서 구원해 달라고 하나님께 간청하심

여기에서 첫 번째 하나님-사람의 기도는 공관 복음서의 모든 기도와 같이, 인성 안에 계신 그분께서 하신 기도였다. 이 기도는 그분께서 지극히 슬퍼하시고 깊이 고민하실 때 드려졌으며, 그분께서 하나님께 자신을 죽음에서 구원해 달라고 크게 부르짖으시며 눈물로 간구와 간청을 드리셨다고 한 히브리서 5장 7절의 바울의 글과 일치한다. 그분은 이러한 상황에서 기도하고 계셨지만, 여전히 아버지께 복종하셨고 순종하셨다. 우리는 주님께서 인성 안에 계신 분으로서 이렇게 기도하셨고 고난받으셨다는 것을 볼 필요가 있다. 요한복음 10장에서 그분은 양들을 위해 목숨을 버리는 선한 목자로 계시되신다. 그분은 신성 안에서 기꺼이 그렇게 하고자 하셨다. 그러나 인성 안에서 그분은 슬퍼하셨다.

겟세마네에서 하신 기도는
요한복음 17장에서 하신 기도 이후의 기도임

겟세마네에서 주님께서 하신 기도는 그리스도의 신성한 가르침의 결론인 요한복음 17장에서 그리스도께서 그분의 신성 안에서 하신 기도 이후의 기도이다. 이 신성한 가르침은 요한복음 14장부터 16장까지에 있는, 과정을 거치시고 완결되신 삼일 하나님과 그분께 선택받고 구속받은 사람들의 연결, 연합, 합병에 관한 것이다. 우리는 그리스도께서 그분의 인성 안에서 하신 기도와 그분의 신성 안에서 하신 기도를 구분해야 한다. 그리스도께서 처음 세 권의 복음서에서 하신 모든 기도는 그분께서 인성 안에 계신 분으로서 하신 기도이다. 요한복음에서 하신 기도만이 신성 안에 계신 그리스도께서 하신 기도이다. 이것은 처음 세 권의 복음서는 왕이시고 노예이시며 사람이신 그리스도의 인성과 관련되지만, 요한복음은 하나님이신 그리스도와 관련되기 때문이다. 그러므로 요한복음에서 그분께서 하신 모든 것은 신성 안에 계신 그분께서 하신 것이다. 요한복음에서 주님은 "나와 아버지는 하나입니다."(10:30)라고 말씀하셨다. 처음 세 권의 복음서에는 이러한 말씀이 기록되어 있지 않다. 그러고 나서 그분은 보내어지신 분으로서 혼자 계신 것이 아니라고 말씀하셨는데, 이는 보내신 분이신 아버지께서 신성 안에서 항상 그분과 함께 계셨기 때문이다(요 16:32, 8:16, 29). 요한복음 17장에서 주님께서 하신 기도는 《위트니스 리 고봉 메시지》, 10권, 요한복음 결정 연구에서 다루어진다.

17

첫 번째 하나님-사람의 생활 — 기도의 사람 (8)

The First God-man's Living—
a Man of Prayer (8)

第17장
첫 번째 하나님-사람의 생활 — 기도의 사람 (8)

성경: 마 26:20-30, 36-46, 눅 23:33-34, 마 27:46, 눅 23:46

개요

Ⅱ. 천국에서는 왕-구주이시고, 하나님의 복음의 봉사에서는 노예-구주이시며, 하나님의 구원에서는 사람-구주이신 첫 번째 하나님-사람에 관하여 공관 복음서에 기록된, 첫 번째 하나님-사람의 비밀스러운 인간 생활 안에 있는 신성한 사실들.

L. 그분은 사람들에게 붙잡히시어 심판받으시고 십자가형을 선고받으시기 전에 겟세마네에서 기도하시면서, 그분에게서 기도하는 법을 배우도록 제자들에게 가르치셨다 — 마 26:20-30, 36-46.

6. 그분은 제자들에게 깨어서 기도하라고 가르치셨다.

a. 그분은 제자들에게 오셔서 그들이 자고 있는 것을 보시고, 베드로에게 "이렇게 여러분이 나와 함께 한 시간만이라도 깨어 있을 수 없었습니까? 유혹에 빠지지 않도록 깨어서 기도하십시오. 영은 원하지만, 육체는 약합니다."라고 말씀하셨다 — 마 26:40-41.

b. 그분께서 다시 와서 보셨을 때 제자들은 졸음에 못 이겨 자고 있었다 — 마 26:43.

c. 그분은 제자들에게 세 번째로 와서 말씀하셨다. "여러분이 아직도 자며, 아직도 쉬고 있습니까? 보십시오, 때가 가까웠습니다. 사람의 아들이 죄인들의 손에 넘어가게 됩니다. 일어나서 갑시다. 보십시오, 나를 배반하는 자가 가까이 와 있습니다." — 마 26:45-46.

1) 주님은 그분과 더 가깝고 친밀했던 베드로와 요한과 야고보(참조 마 17:1)를 나머지 제자들로부터 특별히 데리고 가시어 그들에게 그분과 함께 깨어 있으라고 명령하셨다 — 마 26:37-38.

2) 그들은 주님의 말씀을 지키지 못했는데, 이는 그들이 영 안에서는 원했지만 육체 안에서는 약했기 때문이다 — 마 26:40-41.

3) 이는 우리가 기도에 있어서 주님과 함께 깨어 있지 못하는 이유를 보여 준다.

M. 그리스도는 십자가에서 세 번 기도하셨다.

1. 첫 번째로, 그분은 그분을 십자가에 못 박아 죽이려는 사람들을 위해 기도하셨다 — 눅 23:33-34.

a. 이것은 이사야에 의해 예언되었다(사 53:12).

b. 이것은 참사람이신 첫 번째 하나님-사람께서 마태복음 6장 12절과 14절과 15절에서 우리에게 기도하라고 가르쳐 주신 대로, 그분께서 반대자들을 용서하는 영을 가지신 분이심을 가리킨다.

c. 그분은 인성 안에서, 영원하신 영의 신성한 능력으로 그렇게 하셨다 — 히 9:14.

2. 두 번째로, 그분은 하나님께 "나의 하나님, 나의 하나님, 왜 나를 버리셨습니까?"라고 기도하셨다 — 마 27:46.

a. 그리스도는 오전 아홉 시부터 오후 세 시까지 여섯 시간

동안 십자가에 못 박혀 계셨다(막 15:25, 마 27:45). 처음 세 시간은 하나님의 뜻을 행하신 것 때문에 사람들에게 박해를 받으셨고, 나중 세 시간은 우리의 죄들 때문에 하나님께 심판을 받으셨다(고전 15:3).

b. 그분께서 십자가에 못 박히신 나중 세 시간 동안 하나님께서 우리의 죄악을 그분께 담당시키셨고(사 53:6) 우리를 위해 그분을 죄가 되게 하셨으므로(고후 5:21), 그때 하나님은 그분을 떠나셨다.

c. 여기에서 그리스도께서 하신 기도는 그분께서 이 땅에 계시는 동안 하나님 아버지께서 그분과 함께 계셨다(요 8:16, 29, 16:32)는 그분의 말씀과 모순되는 것처럼 보인다.

d. 이것은 공관 복음서와 요한복음의 관점이 다르기 때문이다. 공관 복음서는 육체 안에 계신 그리스도, 곧 인성 안에 계신 그리스도에 대한 물질적인 관점을 갖고 있지만, 요한복음은 신성 안에 계신 그리스도에 대한 비밀한 관점을 갖고 있다.

e. 신성 안에 계신 그리스도에 대한 비밀한 관점에서 기록된 요한의 글에 따르면, 그분과 함께하시는 하나님 아버지와 그 영은 삼일 하나님으로서 항상 본질적으로 하나이시고, 동시 존재하시며, 심지어 상호 내재하신다. 이것은 본질적인 삼일성이라고 불린다. 그러나 인성 안에 계신 그리스도에 대한 물질적인 관점에서 기록된 공관 복음서에 따르면, 그분께서 십자가에서 우리를 위해 죄가 되셨을 때 하나님 아버지는 경륜적으로 그분을 떠나셨다. 이것은 경륜적인 삼일성이라고 불린다.

f. 베드로전서 3장 18절은 그리스도께서 우리의 죄들 때문에 고난당하실 때 한 면에서는 육체 안에서(그분의 인성 안에서) 십자가에 못 박히셨고, 또 한 면에서는 영 안에서(그분의 신성 안에서) 살아나셨다는 것을 계시한다.

이것은 그리스도와 관련하여 두 가지 관점, 즉 그분의 인성에 따른 첫 번째 관점과 그분의 신성에 따른 두 번째 관점이 있음을 증명한다.

g. 그분은 인성 안에서 하나님의 영에 의해 귀신들을 쫓아내셨고(마 12:28), 또한 인성 안에서 아버지의 축복에 의해 오천 명과 사천 명을 먹이시는 기적을 행하셨다. 이 모든 것은 공관 복음서에서 그리스도께서 하신 일들이 신성을 지닌 인성 안에서 행해졌음을 증명한다.

h. 그분께서 슬퍼하시고 깊이 고민하시며(마 26:37-38) 핏방울 같은 땀을 흘리신 것과(눅 22:44), 심지어 크게 부르짖으시며 죽음에서 구원해 달라고 하나님께 눈물로 간청하신 것은(히 5:7) 그분의 인성 안에서 이루어졌다. 그때 그분은 힘을 북돋아 드릴 천사가 필요하셨고(눅 22:43), 그분을 부축해 드릴 그 영이 분명 필요하셨다(히 9:14).

3. 세 번째로, 그분은 숨을 거두시기 전에 "아버지, 나의 영을 아버지 손에 맡깁니다."라고 큰 소리로 외치셨다 — 눅 23:46.

a. 이것은 참사람이신 하나님-사람께서 인생의 마지막까지 하나님을 의지하셨음을 말해 준다.

b. 분명 그리스도는 그분의 인성 안에서 이렇게 기도드리셨을 것이다.

많은 성경 독자는 사복음서를 연구할 때 가장 연구하기 쉬운 것이 그리스도께서 하신 기도라고 생각한다. 이러한 생각은 잘못된 것이다. 우리가 이미 보았듯이 마태복음에 있는 기도는 이해하기 쉽지 않다. 그러한 기도들은 어떻게 하나님의 경륜의 성취를 위해 하나님의 뜻에 따라 기도해야 하는지를 보여 준다.

이 장에서 하나님-사람의 생활에 관한, 특히 기도의 사람이신 그리스도에 관한 교통의 결론을 맺고자 한다. 여러 가지 가운데, 그분께서 십자가에서 "나의 하나님, 나의 하나님, 왜 나를 버리셨습니까?"(마 27:46)라고 말씀하시며 기도하신 것을 생각해 보기 원한다. 이 부분의 말씀은 요한복음에서 주님께서 하나님에 의해 보내어지신 분이신 자신과 하나님 아버지께서 항상 함께 계신다고(16:32, 8:16, 29) 말씀하신 것과 조화되기 어렵다. 하나님 아버지는 그분과 항상 함께 계셨다. 그러나 그분은 십자가에서 죽으실 때 "나의 하나님, 나의 하나님, 왜 나를 버리셨습니까?"라고 부르짖으셨다. 우리는 이 두 부분의 말씀을 어떻게 조화시켜야 할지 볼 필요가 있다.

우리는 여전히 첫 번째 하나님-사람의 비밀스러운 인간 생활 안에 있는 신성한 사실들에 관해 교통하고 있음을 강조하고자 한다. 주님의 상 위에 있는 떡의 의미에는 두 가지 면이 있다. 하나는 물질적인 면이고, 하나는 비밀한 면이다. 한 면으로 떡은 주님께서 우리 자신과 우리의 죄들 때문에 십자가에서 주신 그분의 물질적인 피와 살이 있는 사람의 몸을 상징한다. 동시에 그 떡은 그리스도의 비밀한 몸을 상징한다. 물질적인 몸은 법리적이다. 비밀한 몸은 유기적이다. 우리는 비밀한 그리스도의 몸이다. 우리는 한 영 안에서 한 몸 안으로 침례 받았고(고전 12:13), 하나님은 우리를 이 비밀한 한 몸 안에 두시고 함께 섞으셨다(18, 24절).

이러한 비밀한 관점은 추구하는 그리스도인들만 가질 수 있다. 주 예수님과 같이, 우리는 겉에서 볼 때 물질적인 존재이지만 보이지 않는 면에서 비밀한 사람들이 될 필요가 있다. 모든 진실한 기도와 참된 기도와 하나님께서 인정하시는 기도는 비밀한 인간 생활 안에 있는 신성한 사실들이다. 우리는 주님께서 오천 명을 먹이시기 전에 아버지를 우러러 보시고 기도하셨음(마 14:19)을 보았다. 이것은 비밀한 인간 생활 안에서 행해진 신성한 어떤 것이다.

제자들에게 깨어서 기도하라고 가르치심

이제 우리는 제자들이 주님에게서 기도하는 법을 배우도록 가르치셨던 겟세마네에서의 주님의 기도에 관해 이전 장에서부터 시작했던 이 교통을 결론짓고자 한다(마 26:20-30, 36-46).

영은 원하지만 육체는 약함

겟세마네에서 그분은 제자들에게 오셔서 그들이 자고 있는 것을 보시고, 베드로에게 "이렇게 여러분이 나와 함께 한 시간만이라도 깨어 있을 수 없었습니까? 유혹에 빠지지 않도록 깨어서 기도하십시오. 영은 원하지만, 육체는 약합니다."라고 말씀하셨다(마 26:40-41). 깨어서 기도하는 것은 그리스도인의 생활에 매우 강력한 원칙인데, 그것은 유혹하는 자 사탄이 항상 우리 주위에 있기 때문이다. 우리가 주님을 사랑하면 할수록, 유혹하는 자는 우리를 주목할 것이다. 우리가 주님께 돌이켜 그분을 사랑할 때 사탄은 우리를 쉬지 않고 괴롭힌다. 이 우주 안에는 하나님과 사탄 사이의 전쟁과 다툼이 있다.

나는 주님께서 깨어서 기도하라고 제자들에게 말씀하신 것이 또한 베드로에게 하신 경고라고 믿는다. 결국 베드로는 그날 밤 사탄의 유혹에 빠졌다. 그는 주님의 면전에서 그분을 세 번 부인했다. 그때 그는 깨어서 기도하지 않았음에 틀림없다. 깨어서 기도하지 않았기 때문에 베드로는 그날 밤 사탄의 유혹에 빠졌다.

그리스도를 추구하는 믿는 이들에게는 또 하나의 원칙이 있는데, 항상 그들의 영은 원하지만 육체는 약하다는 것이다. 이것은 단지 기도에서뿐 아니라 그리스도를 추구하는 삶 전체에서 하나의 원칙이다. 우리의 영은 이기는 이가 되기를 원하지만 우리의 육체는 약하다. 우리는 영 안에서 갈망을 갖고 있지만 육체 안에서는 능력을 갖고 있지 않다. 이것이 우리가 육체를 신뢰하지 않고 우리의 영을 주의해야 하는 이유이다.

제자들이 자고 있는 것을 보심

그분께서 다시 와서 보셨을 때 제자들은 졸음에 못 이겨 자고 있었다(마 26:43).

우리가 기도에 있어서
주님과 함께 깨어 있지 못하는 이유

그분은 제자들에게 세 번째로 와서 말씀하셨다. "여러분이 아직도 자며, 아직도 쉬고 있습니까? 보십시오, 때가 가까웠습니다. 사람의 아들이 죄인들의 손에 넘어가게 됩니다. 일어나서 갑시다. 보십시오, 나를 배반하는 자가 가까이 와 있습니다."(마 26:45-46) 제자들이 자고 있을 때 주님은 핏방울 같은 땀을 흘리실 정도로 기도 안에서 싸우고 계셨다(눅 22:44).

주님은 그분과 더 가깝고 친밀했던 베드로와 요한과 야고보(참조 마 17:1)를 나머지 제자들로부터 특별히 데리고 가시어 그들에게 그분과 함께 깨어 있으라고 명령하셨다(26:37-38). 그들은 주님의 말씀을 지키지 못했는데, 이는 그들이 영 안에서는 원했지만 육체 안에서는 약했기 때문이다(마 26:40-41). 이것은 우리가 기도에 있어서 주님과 함께 깨어 있지 못하는 이유를 보여 준다. 우리의 영은 원하지만, 자아를 포함하는 우리의 육체에는 문제가 있다.

그리스도는 십자가에서 세 번 기도하심

그분을 십자가에 못 박아 죽이려는 사람들을 위해 기도하심

그리스도는 십자가에서 세 번 기도하셨다. 첫 번째로, 그분은 그분을 십자가에 못 박아 죽이려는 사람들을 위해 기도하셨다(눅 23:33-34). 박해자들이 그분을 십자가에 못 박아 죽이려고 할 때, 그분은 그들이 무슨 일을 하는지 알지 못하므로 그들을 용서해 주시기를 아버지께 간청하셨다. 이것은 이사야에 의해 예언되었다(사 53:12). 이것은 참사람이신 첫 번째 하나님-사람께서 마태복음 6장 12절과 14절과 15절에서 우리에게 기도하라고 가르쳐 주신 대로, 그분께서 반대자들을 용서하는 영을 가지신 분이심을 가리킨다. 주님은 우리가 우리에게 죄 빚진 사람들을 용서하지 않는다면 우리의 기도가 무효화될 것이라고 말씀하셨다. 우리의 기도가 응답받기 위해서는 반드시 우리에게 빚진 사람들을 용서해야 한다.

그리스도는 그분을 십자가에 못 박아 죽이려는 사람들을 용서해 주시기를 그분의 인성 안에서, 영원하신 영의 신성한 능력으로 아버지께 간청하셨다. 히브리서 9장 14절은 그분께서 영원하신 영을 통하여 하나님께 자신을 드리셨다고 말한다. 그분께서 한 사람으로 십자가에서 번제물과 속죄제물로 하나님께 드려지는 것은 쉬운 일이 아니었다. 그러므로 그분은 그분을 부축해 드릴 영원하신 영이 필요하셨다. 그분을 십자가에 못 박아 죽이려는 사람들의 죄를 용서해 주시기를 기도하는 것 역시 쉬운 일이 아니었다. 그러나 그분은 신성한 능력을 지닌 인성 안에서 그렇게 하셨다. 이것이 영원하신 영의 신성한 능력에 의해 인간 생활 안에서 행해진, 그러나 물질적인 인간 생활이 아닌 비밀한 인간 생활 안에서 행해진 신성한 사실이다.

"나의 하나님, 나의 하나님, 왜 나를 버리셨습니까?"라고 기도하심

두 번째로, 그분은 하나님께 "나의 하나님, 나의 하나님, 왜 나를 버리셨습니까?"라고 기도하셨다(마 27:46).

사람들에게 박해를 받으시고 하나님께 심판을 받으심

그리스도는 오전 아홉 시부터 오후 세 시까지 여섯 시간 동안 십자가에 못 박혀 계셨다(막 15:25, 마 27:45). 처음 세 시간은 하나님의 뜻을 행하신 것 때문에 사람들에게 박해를 받으셨고, 나중 세 시간은 우리의 죄들 때문에 하나님께 심판을 받으셨다(고전 15:3).

우리의 죄악을 담당하심

그분께서 십자가에 못 박히신 나중 세 시간 동안 하나님은 우리의 죄악을 그분께 담당시키셨다(사 53:6). 극소수의 성경 연구자만이 이 시간

이 두 부분으로 나누어진다는 것을 보았다. 사람의 박해와 십자가에 못 박음과 조롱과 멸시는 처음 세 시간인 오전 아홉 시부터 낮 열두 시까지에 있었다. 그리고 낮 열두 시부터 온 우주가 어두워졌는데, 그때 하나님께서 우리의 죄들 때문에 그리스도를 심판하고 계셨기 때문이다. 성경은 그분께서 우리의 죄들을 짊어지신 것은 하나님께서 그 짐을 그분께 지우셨기 때문이라고 말한다. 하나님은 우리의 죄악을 그분께 담당시키셨고 심지어 우리를 위해 그분을 죄가 되게 하셨다(고후 5:21). 그러므로 그때 하나님은 그분을 떠나셨다. 그때 그분은 우주 안에서 유일한 죄인이 되셨다. 심지어 그분은 죄의 총체이셨다. 하나님은 우리를 위해 그분을 죄가 되게 하셨다. 그러나 그분은 죄를 짓지 않으셨고 심지어 죄를 알지도 못하는 분이셨다.

여기에서 그리스도께서 하신 기도는
하나님께서 그분과 함께 계셨다는 그분의 말씀과
모순되는 것처럼 보임

여기에서 그리스도께서 하신 기도는 그분께서 이 땅에 계시는 동안 하나님 아버지께서 그분과 함께 계셨다(요 8:16, 29, 16:32)는 그분의 말씀과 모순되는 것처럼 보인다.

공관 복음서와 요한복음의
관점이 다르기 때문임

이것은 공관 복음서와 요한복음의 관점이 다르기 때문이다. 공관 복음서는 육체 안에 계신 그리스도, 곧 인성 안에 계신 그리스도에 대한 물질적인 관점을 갖고 있다. 처음 세 복음서인 마태복음과 마가복음과 누가복음은 물질적인 관점에서 기록되었다. 이러한 관점에서, 인성 안에 계신 그리스도는 마태복음에서 왕이시고, 마가복음에서 노예이시며, 누가복음에서 사람 구주이시다. 그러나 요한복음은 신성 안에 계신 그리스도에 대한 비밀한 관점을 갖고 있다. 오직 요한복음만이 그리스도께서 하나님이시라는 관점에서 기록되었다.

삼일성의 본질적인 면과 경륜적인 면

신성 안에 계신 그리스도에 대한 비밀한 관점에서 기록된 요한의 글에 따르면, 그분과 함께하시는 하나님 아버지와 그 영은 삼일 하나님으로서 항상 본질적으로 하나이시고, 동시 존재하시며, 심지어 상호 내재하신다. 상호 내재란 양쪽이 서로 안에 거한다는 말이다. 신격의 셋은 상호 내재하고, 연합되어 있으며, 하나로 섞여 있다. 이것은 본질적인 삼일성이라고 불린다. 그러나 인성 안에 계신 그리스도에 대한 물질적인 관점에서 기록된 공관 복음서에 따르면, 그분께서 십자가에서 우리를 위해 죄가 되셨을 때 하나님 아버지는 경륜적으로 그분을 떠나셨다. 이것은 경륜적인 삼일성이라고 불린다.

본질적인 삼일성은 하나님의 본질에 따른 것이다. 경륜적인 삼일성은 하나님의 움직임에 따른 것이다. 요한복음 14장은 아버지께서 아들 안에 계시며 아들은 아버지 안에 계신다고 말한다. 이 둘은 하나이다. 결국 이 둘은 우리를 그분들 안으로, 즉 삼일 하나님과의 연결과 연합과 합병 안으로 이끈다. 요한복음은 우리가 이미 삼일 하나님과 연결되고 연합되었으며, 심지어 삼일 하나님 안으로 합병되었음을 계시한다. 그러나 공관 복음서인 마태복음과 누가복음에서 그리스도는 침례 받으실 때 물 가운데 서서 기도하셨다. 이때 아버지 하나님은 하늘에서 말씀하셨고, 영 하나님은 공중에서 내려오고 계셨다(마 3:16-17, 눅 3:21-22). 신성한 삼일성의 셋이 서로 다른 위치에 있었다. 아버지는 하늘에 계셨고, 아들은 땅 위에 계셨으며, 그 영은 공중에서 내려오고 계셨다. 경륜적으로는 구분되었다 해도, 이 셋은 본질적으로 하나이다.

육체 안에서 십자가에 못 박히시고 영 안에서 살아나심

베드로전서 3장 18절은 그리스도께서 우리의 죄들 때문에 고난당하실 때 한 면에서는 육체 안에서(그분의 인성 안에서) 십자가에 못 박히셨고, 한 면에서는 영 안에서(그분의 신성 안에서) 살아나셨다는 것을 계시한다. 이것은 그리스도와 관련하여 두 가지 관점, 즉 그분의 인성에 따른 첫 번째 관점과 그분의 신성에 따른 두 번째 관점이 있음을 증명한다. 그리스도는 하나님이시자 사람이시며, 신성한 본성인 신성과 인간적인 본성인 인성을 갖고 계신다. 십자가에서 죽으셨을 때, 그분은 신성 안에서 죽으신 것이 아니라 인성 안에서 우리의 죄들 때문에 죽으셨다. 그동안 그분은 신성 안에서 일하고 계셨다. 인성 안에 계신 그리스도에 대한 물질적인 관점에서 본다면 그분은 죽으셨다. 신성 안에 계신 그리스도에 대한 비밀한 관점에서 본다면 그분은 생명으로 강화되고 계셨다.

공관 복음서에서 그리스도께서 하신 일들은 신성을 지닌 인성 안에서 행해짐

그분은 인성 안에서 하나님의 영에 의해 귀신들을 쫓아내셨고(마 12:28), 또한 인성 안에서 아버지의 축복에 의해 오천 명과 사천 명을 먹이시는 기적을 행하셨다. 이 모든 것은 공관 복음서에서 그리스도께서 하신 일들이 신성을 지닌 인성 안에서 행해졌음을 증명한다.

인성 안에 계신 분으로서 기도하셨으며,
그분을 부축해 드릴 그 영과
심지어 힘을 북돋아 드릴 천사가 필요하셨음

그분께서 슬퍼하시고 깊이 고민하시며(마 26:37-38) 핏방울 같은 땀을 흘리신 것과(눅 22:44), 심지어 크게 부르짖으시며 죽음에서 구원해 달라고 하나님께 눈물로 간청하신 것은(히 5:7) 그분의 인성 안에서 이루어졌다. 그때 그분은 힘을 북돋아 드릴 천사가 필요하셨고(눅 22:43), 그분을 부축해 드릴 그 영이 분명 필요하셨다(히 9:14). 한 사람으로서 그분은 인성 안에 계신 그분 자신을 하나님께 드리셨다. 그러므로 그분은 그분을 부축해 드릴 영원하신 영이 필요하셨다.

그분의 영을 아버지의 손에 맡기심

세 번째로, 그분은 숨을 거두시기 전에 "아버지, 나의 영을 아버지 손에 맡깁니다."라고 큰 소리로 외치셨다(눅 23:46). 이것은 참사람이신 하나님-사람께서 인생의 마지막까지 하나님을 의지하셨음을 말해 준다. 분명 그리스도는 그분의 인성 안에서 이렇게 기도드리셨을 것이다.

우리는 공관 복음서에서 그리스도께서 하신 기도가 신성을 지닌 그분의 인성 안에서 드려진 것임을 볼 필요가 있다. 그러나 요한복음 17장에 있는 그분의 기도는 인성이 아닌 신성 안에서의 기도이다. 요한복음 17장은 신성한 삼일성이 하나인 것처럼, 그분을 믿는 사람들이 신성한 삼일성의 하나를 실행하도록 그리스도께서 어떻게 기도하셨는지를 보여 준다. 그분은 자신과 아버지께서 하나이신 것같이, 아버지께서 우리도 하나가 되게 해 주시기를 기도하셨다. 우리는 아버지와 아들이 하나이신 것같이 그분들 안에서 하나가 된다(21-23절). 이것이 삼일 하나님의 하나이다. 우리 자신 안에서는 이러한 하나를 실행할 수 없다. 우리는 반드시 삼일 하나님 안에서 그리고 삼일 하나님께서 하신 것에 따라 이것을 실행해야 한다.

하나님-사람의 생활

초판 발행일/ 1998년 11월 25일
개정판 인쇄일/ 2025년 10월 24일
개정판 발행일/ 2025년 10월 30일
저자/ 위트니스 리
역자/ 한국복음서원 편집부
발행인/ 이희득
발행처/ 한국복음서원
등록/ ®1978.3.6. 제16-12호

주소/ 경기도 성남시 중원구 사기막골로 124,
SKn테크노파크 비즈센터 B210호 (13207)
전화/ 1600-3191
팩스/ 031) 709-3389

ISBN/ 979-11-6857-309-3 03230

http://www.kgbr.co.kr
E-mail:kgbr@kgbr.co.kr

정가 13,500원